초판 발행	2025년 7월 1일
지은이	김세진
책임편집	오혜교
디자인	구름양
펴낸곳	OHK
출판신고	2018년 11월 27일 제 2018-000084호
주소	경기도 파주시 회동길 219 2층
전화	1800-9386
이메일	soaprecord@gmail.com
홈페이지	www.r2publik.com

ISBN 979-11-94050-37-7(13180)

이 책은 저작권법에 따라 보호받는 저작물이므로 무단전재와 무단복제를 금지하며,
이 책 내용의 전부 또는 일부를 이용하려면 반드시 저작권자와 OHK의
서면동의를 받아야 합니다.

OFFICE SPECTRUM

오피스 스펙트럼

나는 심리로 일한다

김세진 지음

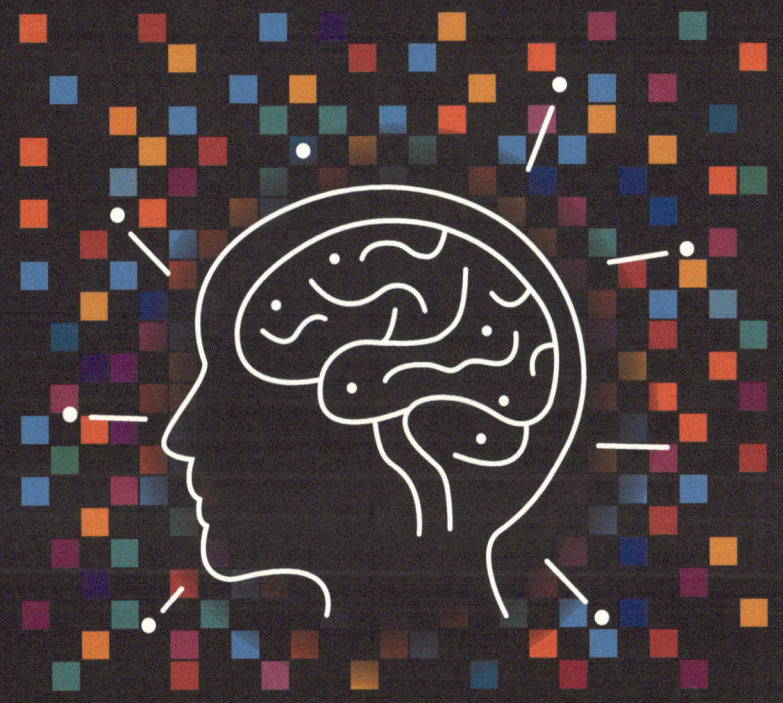

회사에서는 가르쳐주지 않는 K직장인 심리 전략 70가지

OFFICE
SPECTRUM
나는 심리로 일한다

회사에서는 가르쳐주지 않는
k직장인 심리전략

목차

작가의 말

제1장.
화성에서 온 김 대리, 금성에서 온 황부장

직장생활백서 1
똑똑하지만 결정장애가 있는 사원   20

직장생활백서 2
뇌과학으로 본 부장과 사원의 지능 차이   23

직장생활백서 3
잘 나가던 신입이 10년 뒤 나락으로 가는 이유   26

직장생활백서 4
직급별 각자의 생각   29

직장생활백서 5
'요즘 애들'의 속마음   31

직장생활백서 6
MZ세대는 정말 '예민보스'일까?   34

직장생활백서 7
'됐어'와 '조금'의 심리학   38

직장생활백서 8
감각 센서를 조절하라   42

직장생활백서 9
과잉행동유발   45

직장생활백서 10
자리가 사람을 변하게 한다   48

직장생활백서 11
직장의 빌런, 올포기스트(Allpoggist) ... 51

직장생활백서 12
달면 먹고 쓰면 뱉는다 ... 54

직장생활백서 13
남들은 모르는 이상한 나라의 한국인 ... 58

직장생활백서 14
하나를 선택할 수 없어 '짬짜면'을 만드는 한국인 ... 62

직장생활백서 15
여탕 남자를 용인하는 일본인, 미친놈이 되는 한국인 ... 65

직장생활백서 16
직장에서 정답은 없다, 다만 '관점'이 있을 뿐이다 ... 69

직장생활백서 17
지나고 나면 보이는 것들 ... 77

직장생활백서 18
무식하면 용감한 이유 ... 83

직장생활백서 19
세상에서 가장 센 착각 ... 87

직장생활백서 20
나만 모르는 이유 ... 91

직장생활백서 21
난 단지 운이 없을 뿐이야! ... 94

직장생활백서 22
남들이 나를 조정한다 ... 97

제2장.
직장인 심리의 기술

직장생활백서 23
돼지도 얼굴 보고 먹는다? — 102

직장생활백서 24
루저를 위너로 만드는 방법 — 105

직장생활백서 25
왜 무능한 사람들끼리 더 똘똘 뭉칠까 — 108

직장생활백서 26
20%가 80%를 결정하는 이유 — 111

직장생활백서 27
불만 가득한 자의 '정해진 미래' — 114

직장생활백서 28
이상하게 빚진 느낌이네 — 116

직장생활백서 29
잘난 사람일수록 명함 앞에 약한 이유 — 121

직장생활백서 30
똑똑한 사람이 헛소리를 잘 믿는다? — 124

직장생활백서 31
호감형 인간은 반박의 달인? — 128

직장생활백서 32
작심3일의 숨겨진 비밀 — 131

직장생활백서 33
너는 지금 명사를 탐닉하고 있어! — 134

직장생활백서 34
얼굴에 철판 깔고 살아야 하는 이유 ... 138

직장생활백서 35
넛지 효과는 고려시대부터 있었다? ... 140

직장생활백서 36
결심하기 전에 먼저 선언하라 ... 143

직장생활백서 37
쓸모없는 부서가 계속 유지되는 이유 ... 146

직장생활백서 38
일을 잘하고도 혼나는 직원 ... 150

직장생활백서 39
나보다 잘난 건 못 참지! ... 153

직장생활백서 40
우리가 돈이 없지 가오가 없냐? ... 157

직장생활백서 41
회사랑 사랑하지 말고 '썸'을 타라 ... 160

직장생활백서 42
거짓말 아닌 듯한 거짓말 ... 164

직장생활백서 43
굴러온 복을 제 발로 찬 놈 ... 167

제3장.
2025 신정글의 법칙

직장생활백서 44
언제 어디서나 가치를 만들어내는 '밸류메이커' — 172

직장생활백서 45
꿀 먹은 벙어리들의 회의 — 175

직장생활백서 46
면접의 비밀 — 179

직장생활백서 47
1% 능력자들의 비밀 — 182

직장생활백서 48
영혼 없는 단체 문자의 최후 — 185

직장생활백서 49
발표로 인정받는 방법 — 189

직장생활백서 50
인맥과 평판 레버리지 — 194

직장생활백서 51
불리하면 '프레임'을 바꿔라 — 199

직장생활백서 52
예스맨이 되지 마라 — 204

직장생활백서 53
아군을 얻는 방법 — 208

직장생활백서 54
공중에 떠버린 말들의 운명 — 212

직장생활백서 55
아무것도 하지 않는 자, 아무 일도 없다 … 216

직장생활백서 56
일만 했을 뿐인데 인맥이 줄줄이 생기네 … 219

직장생활백서 57
요령 있게 일한다는 것의 의미 … 223

직장생활백서 58
내 옆자리 소시오패스 … 227

직장생활백서 59
인정받는 보고서 쓰려면 뇌 사용을 줄여라 … 231

직장생활백서 60
사무실 업무 51:49의 비밀 … 235

직장생활백서 61
입장 따라 정답도 바뀐다 … 238

직장생활백서 62
정답만 찾는 바보들 … 242

직장생활백서 63
발상의 전환 … 247

직장생활백서 64
반(半)만 보고하라 … 252

직장생활백서 65
승진이 빠른 4가지 유형 … 255

직장생활백서 66
딱새와 찍새의 차이 … 259

직장생활백서 67
적재적소와 적소적재 263

직장생활백서 68
꼰대들의 전쟁 267

직장생활백서 69
나르시시스트 상사, 에코이스트 부하 271

직장생활백서 70
까라면 까. 피할 수 없으면 즐겨라. 275

작가의 말

"왜 일이 아니라 사람 때문에 힘들까?"

누구나 한 번쯤 이런 생각을 해보지 않았을까.

일은 그나마 할 만하다. 힘든 건 늘 사람이다. 사소한 말투 하나, 보고서에 달린 코멘트 한 줄, 상사와의 눈치게임 때문에 온종일 신경이 곤두선다. 그래서 퇴근길에는 무심코 다짐하게 된다. '내일부터는 그냥 신경 쓰지 말자.' 그러나 이튿날 아침 출근길, 회사 엘리베이터 안에서부터 다시 가슴이 답답해진다.

회사생활은 일이 아니라 사람과의 전쟁이다

회사에 다닌다는 건 매일 보이지 않은 작은 전쟁에 나가는 일이다. 그 전쟁은 이력서에도 안 쓰이고, 사내 연수에서도 안 배우고, 상사도 알려주지 않는다.

대화는 많은데 진심은 없고, 규칙은 많은데 기준은 없고, 보고는 많은데 소통은 없다.

언젠가부터 우리는 출근길에 날씨보다 상사의 기분을 먼저 체크하고, 점심시간보다 팀장의 눈치를 먼저 살핀다.

오늘의 복장은 고객 응대용이 아니라 '불필요한 주목 방지용'이고, 회의 시간에 발언하는 이유는 의견 때문이 아니라 "왜 가만히 있느냐"는 말 방지용이다.

그러니까 직장이라는 공간은 일보다 감정이 더 많은 곳이다. 그리고 그 감정은 대부분 말로 표현되지 않고, 눈치로 거래된다.

그게 바로 우리 직장인들의 현실 아닌가. 이 책을 쓰기로 결심한 이유는 여기서부터 출발했다.

K 직장인의 심리 풍경

심리학을 공부하면서 알게 된 수많은 이론과 연구들은 현실의 조직과 놀랍도록 닮아 있다. 문제는 책 속의 이론이 아니라, 회의실 안의 현장이다. 나는 공허한 이론이 아니라 K직장인의 심리학을 회사 내 조직에서 쓸 수 있는 말로 번역하고 싶었다. 구체적인 상황, 익숙한 인물, 현실적인 말투로 말이다.

우리가 매일 겪는 갈등, 오해, 감정, 커뮤니케이션을 직장 내 심리학의 관점으로 다시 읽어보면, 조금은 다른 길이 보일 수도 있으니까.

이 책의 제목은 『오피스 스펙트럼, 나는 심리로 일한다』이다.

 직장은 단순히 상사와 부하, 사무직과 현장직, MZ와 꼰대 같은 이분법으로 나눌 수 있는 공간이 아니다. 회사의 사무실은 다양한 직위의 사람들이 모여 다양한 역할을 하는 곳으로 단조롭지 않고 복합적인 요소들이 교차하는 공간이다. 이러한 곳에서 각각의 구성원은 숨겨진 감정과 긴장속에서 매일의 생활이 이루어진다. 그래서 오피스는 단순한 직장이 아니라 작은 사회이자 감정의 집합소가 된다. 그 안에는 훨씬 더 다양한 심리의 색깔들이 존재하고, 그걸 이해하지 못하면 우리는 매일 '뭔가 이상한데 설명이 안 되는' 피로감에 시달리게 된다.

 당신이 요즘 아침마다 "회사 가기 싫다"고 느낀다면,
 단순히 게으르거나 무기력한 게 아니다.
 몸은 괜찮지만, 마음이 지친 것일 수 있다.
 그리고 그 피로는 대부분 보이지 않는 심리의 탓이다.

 그래서 부제를 'K-직장인 심리전략'이라고 붙였다. 신입사원의 눈물부터 부장의 복잡한 속내까지, 여러 명의 직장인이 조직 안에서 겪는 감정과 행동의 스펙트럼을 담았다. MZ세대의 '예민함', 윗세대의 '답답함', 서로를 이해하지 못하는 보고와 회의의 언어들, 업무보다 더 피곤한 관계 속에서 우리가 놓치고 있는 직장인 심리의 실마리를 함께 발견해 나가는 여정인 것이다.

'더 오래 버티는 70가지 심리전략'

대체 우리는 왜 회사에서 이렇게까지 '심리적 전술'을 써야 하는 걸까?

점심 메뉴를 고르는 것도 회의 전략이고, 회의에서 침묵하는 것도 생존 기술이다. 출근해서는 웃고, 회식 때는 눈치 보고, 퇴근 후엔 '내 인생이 뭔가 잘못된 것 같다'는 생각으로 마무리된다.

책상엔 일이 쌓이고, 마음엔 감정이 쌓이고, 메일함은 알림으로 터지는데, 머릿속은 "이게 맞나?"라는 질문으로 터져간다.

이 책 안에는 실제로 우리가 겪는 70가지 심리 상황이 등장한다.

꿀먹은 벙어리 회의, 말뿐인 소통, 말귀를 못 알아먹는 고집들, 권력 투쟁, 열심히 일하다가도 "그냥저냥 버티는 사람이 승진하더라"는 씁쓸한 장면들까지.

이 책을 통해 당신이 얻을 수 있는 건 단순한 심리학 지식이 아니다.

당신의 마음을 지키면서, 회사 안에서 살아남는 전략적 감정 관리법이다.

말 잘하고 일 잘하는 기술도 중요하지만,

"어떻게 덜 지치고 덜 흔들릴 것인가"를 고민하는 이들에게 더 절실한 이야기이기도 하다

'왜 저럴까'가 아닌 '그럴 수도 있겠네'

어쩌면 회사란, 총알없는 전쟁터이지만 정답도 없다. 우리는 다만 그저 관점이 서로 다를 뿐이다. '왜 저럴까'라는 질문을 '그럴 수도 있겠네'로 바꿀 수 있다면, 더 지치지 않고 오래 버틸 수 있지 않을까. 그리고 회사에서 버틴다는 건, 스트레스를 그냥 견디는 게 아니라 외부의 적으로부터 나를 지키는 법을 찾아나가는 여정이기도 하다.

필자는 직장생활 초년에만 해도 주변에 순발력이 뛰어난 동료, 기억력이 좋은 동료, 대인관계가 좋은 동료, 발표를 잘하는 동료들을 부러워했다. 하지만 수년 간의 직장생활을 돌아보니 결국 오래 살아남는 이는 심리로 일한다는 걸 깨달았다.

당신도 그렇게 될 수 있다. 이 책이 그 여정의 첫 단추가 되길 바라는 마음이다.

2025년 5월
김세진 드림

제 1장

화성에서 온 김 대리, 금성에서 온 황부장

사원 시절엔 "왜 일 시키기만 하고
본인은 안 하냐"는 불만이 컸다.
대리가 되면 "후배가 생각보다 말을 안 듣네"라는
고민이 생긴다.

과장이 되면 "팀장이 뭘 원하는지 모르겠다"는
불안이 찾아오고,
차장이 되면 "이 조직에서 내 커리어를 어디까지
가져갈 수 있을까"라는 생각이 든다.

부장이 되면 "이제 다음 세대에게 뭘 남길 수 있을까"라는
질문이 남는다.

직장생활백서 1
똑똑하지만 결정장애가 있는 사원

선택지가 많을수록 결정이 더 어려운 이유

부서 회식 장소를 정하는 일. K는 부장에게 여러 가지 후보를 제시하지만, 부장은 처음 1안을 골랐다가 2안으로 바꾸고, 결국 3안에 미련을 보인다.

K는 혼란스럽고 지친다. 이토록 간단한 선택이 왜 이리 어려운 걸까?

선택의 패러독스 (Paradox of Choice)
'선택지가 많을수록 좋은 결정이 가능할 것 같지만, 실제로는 결정이 어려워지고 만족도도 떨어진다.' 심리학자 쉬나 아이엔거와 마크 레퍼의 '잼 실험'이 있다.

잼을 24종 진열했을 때보다 6종을 진열했을 때 더 높은 구매율을 기록했다는 것이다. 이는 선택지가 많을수록 망설임과 후회가 커진다는 결과를 담고 있다.

이러한 현상은 일상에서 쉽게 확인된다.

예컨대 넷플릭스에서는 수천 개 중 고르기 어려워 아예 아무것도 보지 않는 것. 점심 메뉴도, 청바지 구매도, 결혼도(?) 선택지가 많을수록 만족이 낮다.

직장에서의 선택 패러독스

A사원: 선택권 없이 한 회사에 입사. 만족도 높고 충성심도 강함
B사원: 대기업 여러 곳 동시 합격 후 선택한 회사. 만족도 낮고 이직 고려

선택의 여지가 많았던 사람이 오히려 후회를 많이 한다. 이것이 선택의 패러독스다.

짬짜면을 원하는 이유

한국인은 특히 "하나를 선택하면 하나는 버려야 한다"는 개념에 익숙하지 않다. 오늘은 짬뽕, 내일은 짜장면이 아니라 "오늘 짬짜면"을 원한다. 선택이 어려우니, 애초에 둘 다 먹는 '짬짜면식' 선택을 선호하는 것이다.

회사에서 실제 있었던 사례

K는 부장 지시로 수십 개의 슬로건 안을 만들고, 타기업 사례 수백 개를 조사해서 계속해서 만들어 간다. 회의도 수차례. 하지만 결국 선택은 처음 안 중 하나로 회귀하고 만다. 시간 낭비와 혼란만 컸던 전형적인 결정장애의 결과이다.

선택이 어려운 이유는 간단하다. 대안이 많을수록 '포기한 나머지'에 대한 미련이 커진다. 완벽한 선택을 하려는 강박이 생긴다. 후회 가능성을 줄이려다 아예 결정을 미루게 된다.

이 때문에 회사에서는 아래와 같은 방식이 필요하다.

- 선택지를 3~5개로 제한한다.
- 선택의 목적을 명확히 한다.
- 결정 시점과 책임의 기준을 사전에 정해둔다.
- 때로는 주사위처럼 외부 기준에 위임하는 방법도 고려한다.

신입사원 왈, "선택해 본 경험이 적습니다.
부모님이 대신 결정해 준 인생에 익숙합니다.
그래서, 저 혼자 선택해야 할 때면 두렵습니다.
선택을 잘못하면 큰일 날까봐요. 후회는 더 두렵습니다."
선택은 훈련이다.
자꾸 해보며 작은 실패와 후회를 겪어야
비로소 의사결정의 내공이 쌓인다.

> 직장생활백서 2
> 뇌과학으로 본
> 부장과 사원의
> 지능 차이

결정력과 요점 정리 능력은 50대 전후에서 가장 빛을 발한다

회사에서 일 잘하기로 소문난 P대리는 속도감 있게 일처리하고, 보고서도 뚝딱 만들어낸다.

그런데 부장이 보고서를 읽은 뒤 한마디 던진다.

"음… 내용은 많은데, 무슨 말인지 한눈에 안 들어와."

그리고 몇 군데 손을 보더니, 금세 보고서는 전혀 다른 문서처럼 달라진다.

쓸데없는 말이 줄고, 핵심만 또렷하게 살아났다.

젊은 직원들은 모든 게 중요해 보이니 핵심을 놓치기 쉽다. 이건 능력 문제가 아니라, 나이에서 비롯된 인지 방식의 차이일 수 있다.

반면, 평소엔 어딘가 어눌한 인상을 주는 S부장.

"그… 김 차장, 그거 말이야. 사장님이 지시한 그거…"

말이 빙빙 돈다. 단어 선택은 모호하고, 말 속도도 느리다.

하지만 오래 같이 일해본 사람은 안다. S 부장은 날카로운 감각으로 핵심만 정확히 집어내는 능력이 있다는 것을. 그래서 말은 어눌하지만, 결정은 빠르고 정확하다. 결국 그는 높은 자리까지 승진했다.

결정력, 요점 정리 능력

KAIST 정재승 교수의 뇌과학 강연에서도 이와 비슷한 결과가 제시된다.

'어휘력, 기억력, 계산능력, 공간지각력, 추리력…' 인간의 6가지 인지능력 중 결정력과 요점 정리 능력은 50대 전후에서 가장 빛을 발한다는 것이다.

물론 반응속도나 단기기억력은 떨어질 수 있다. 하지만 핵심을 뽑아내는 감각은 오히려 중년의 뇌가 더 뛰어나다.

다만 이건 '결정 능력'에 국한된다. 지식의 양이나 정보 업데이트 속도는 젊은 세대가 훨씬 빠르다. 이제는 정보가 쌓이는 시대가 아니라, 실시간으로 바뀌는 시대다.

예전 같으면 나이가 지혜였지만, 지금은 나이가 무기력이 될 수도 있다. 그렇기에 연륜 있는 상사일수록 더 많이 배우고, 더 유연하게 사고하며, 젊은 세대의 관점을 존중해야 한다.

반대로, 젊은 직원도 '말을 못 한다고, 느리다고' 상사를 쉽게 평가하지 않아야 한다. 뇌는 시대마다, 세대마다 각기 다른 방식으로 진화한다. 누가 더 똑똑하냐는 건, 어느 한 쪽의 문제가 아니라 다름의 문제이자, 이해의 출발점일 뿐이다.

결국, 조직에서 중요한 건 누가 더 빠르냐, 더 많이 아느냐가 아니라 서로를 인정하고, 함께 보완해나가는 협력의 뇌 구조를 만드는 것이다.

젊은 세대: 속도와 정보 습득, 기술 적응에 강함
중년 이상 세대: 요약력과 결정력에서 강점을 보임
뇌과학적 관점: 50대 전후, 핵심 판단 능력이 가장 발달함

조직에서는 서로의 인지적 강점을 존중하며 협업해야 진짜 '스마트한' 결과가 나온다

"김 차장, 그 거시기 있잖아. 그 책 좀 한번 사서 봐봐."
"그게 뭔데요?"
"그, 그… 심리 있잖아, 심리 그거~"
"아, 네. 알겠습니다."
어눌한 말 속에, 때로는 가장 정확한 핵심이 숨어 있다.
'거시기'를 알아보는 사람이 어쩌면 가장 똑똑한 사람일지도 모른다.

직장생활백서 3

잘 나가던 신입이 10년 뒤 나락으로 가는 이유

▌ 능력이 모자라서가 아니다. 바로 스스로 한계를 설정해버렸기 때문이다.

선배는 늘 한발 빼는 소리를 한다.

"그거 해봤자 안 돼."

"뭘 그렇게 열을 내냐, 적당히 해."

"그러다 너 진짜 정 맞는다?"

말은 날카롭고, 논리는 싸늘하다.

K는 한참을 머뭇거린다. '아닌 것 같은데… 또 일리는 있지.'

그렇게 도전은 멈춘다.

직장엔 이런 '무력의 언어'가 많다.

신입이던 시절 가장 똑똑하고 열정 있던 이들이 10년이 지나 루저가 되는 이유는, 능력이 모자라서가 아니다. 바로 스스로 한계를 설정해버렸기 때문이다.

점프하지 않는 벼룩

벼룩은 작지만 뛰어난 점프 능력을 지녔다. 1미터도 가볍게 뛰어오른다.

그런데 투명한 뚜껑이 덮인 통 안에 넣으면? 계속해서 머리를 부딪치며 고통을 경험한다. 시간이 지나 뚜껑을 열어주어도, 벼룩은 더 이상 점프하지 않는다.

'내가 뛰어봤자, 안 돼.' 라는 학습된 무력감 때문이다.

이 현상을 우리는 '벼룩효과'라 부른다.

인간에게도 벼룩효과는 있다. 하버드대학교 연구팀은 비슷한 지능과 환경을 지닌 사람들을 25년간 추적했다. 차이는 단 하나. "얼마나 큰 목표를 가졌는가?"

그 결과는 명확했다. 목표가 명확했던 사람일수록 더 높은 성취와 영향력을 갖고 있었다. 사람이 실패하는 이유는 실력이 모자라서가 아니다. 자기 능력에 한계를 먼저 그어버렸기 때문이다.

현실의 벼룩효과

-직장 선배의 냉소: 과거의 실패를 후배에게 투영하면서 현실적인 조언처럼 들리지만, 사실은 자신이 이미 포기한 영역일 수도 있다.

-신입사원의 위기: 처음부터 '불가능하다'는 말을 자주 듣다 보면 벼룩처럼 스스로의 도약을 접는다.

-회사의 경우: K-water가 타기관의 수력발전댐 인수를 수십 년간 실패했지만, 또 다시 시도해 정책을 끌어낸 사건처럼, 불가능도 반복 끝에 뚫릴 수 있다.

꼰대의 귀띔

> 우리는 환경이 우리를 가둔다고 믿지만,
> 사실 우리를 가두는 건 우리가 그은 보이지 않는
> 한계선이다.
> 그 선을 지웠을 때에라야 비로소 도약이 시작된다.

> 직장생활백서 4
>
> ## 직급별 각자의 생각

| "입장 차이"라는 말로는 설명되지 않는 차이들, 직급이 올라가면 보이는 것이 달라진다.

사원 때는 나 혼자 바쁘고 힘든 줄 알았다. 상사들은 일도 안 하고 잔소리만 하는 줄 알았다.

대리 시절엔 어느새 팀의 중간 역할을 하게 되며, 눈치 보며 두 배로 뛰어야 했다.

과장이 되니 위아래 눈치를 더 봐야 했다. 실무도 책임지고 팀장 말도 들어야 했다.

차장이 되니 업무보다 사람이 힘들었다. 왜 사람은 바뀌지 않을까.

부장이 되니 사람을 바꾸는 게 아니라 구조를 바꿔야 한다는 걸 알게 되었다.

직급이 오를수록 사람을 보는 관점도 달라진다

사원 시절엔 "왜 일 시키기만 하고 본인은 안 하냐"는 불만이 컸다.

그러다 대리가 되면 "후배가 생각보다 말을 안 듣네"라는 고민이 생긴다.

과장이 되면 "팀장이 뭘 원하는지 모르겠다"는 불안이 찾아오고,

차장이 되면 "이 조직에서 내 커리어를 어디까지 가져갈 수 있을까"라는 생각이 든다.

부장이 되면 "이제 다음 세대에게 뭘 남길 수 있을까"라는 질문이 남는다.

중요한 건, 지금 내 상사도 예전엔 나였다는 사실

지금 나에게 지시를 내리는 부장도 한때는 야근에 치이고 눈치 보던 과장이었다.

지금 나를 이해하지 못하는 차장도 과거엔 사원 시절, 상사에게 오해받고 답답해했던 사람일 수 있다.

그들도 단번에 지금의 위치에 도달한 게 아니다. 각자의 고충과 단계를 겪으며 올라왔다.

그걸 이해하지 않으면, 우리는 자꾸 "왜 나만 이해받지 못하는가"라는 함정에 빠지게 된다.

> 지금의 상사도, 한때는 나였다.
> 이해하지 않으면 계속 미워하게 된다.

직장생활백서 5

'요즘 애들'의 속마음

무례함과 당당함은 종이 한 장 차이

"요즘 애들은 왜 이렇게 말을 툭툭 뱉지?"
"일 시켜도 반응이 없고, 싫은 티가 팍팍 나."
"보고서를 내면 자기 생각을 안 하고, 그냥 시킨 대로만 해."
많은 관리자들이 요즘 MZ 젊은 사원을 보며 하는 말이다.
실제로 그들의 말투는 건조하고 반응은 심심하며 표정도 크게 드러나지 않는다.
그래서인지 더더욱 그들이 무례하다고 느껴지는 경우가 많다.

하지만 그 속을 들여다보면 생각보다 단순하다.
"제가 어디까지 해도 되는지 모르겠어요."
"솔직히 평가받는 게 두려워요."
"제 방식대로 했다가 틀릴까 봐 겁나요."

겉으로는 무심하지만, 속은 눈치 백단

MZ세대는 사실 감정적으로 굉장히 예민한 세대다. Z세대는 더 그렇다. 이들은 M세대와 묶이는 것도 꼰대스럽다고 말한다.

태어날 때부터 경쟁에 내던져졌고, 누구보다 눈치를 잘 본다.

그래서 '지시를 그대로 수행하는 것'이 가장 안전하다고 느낀다.

틀리는 것에 대한 공포가 있고, 평가받는 것에 대한 부담도 크다.

그래서 시키는 일은 착실히 하지만, 자기만의 해석은 넣지 않으려 한다. 그들에게 필요한 건 '혼나지 않는 법'이 아니라 '틀릴 수 있는 자유'다.

문제는 당당함의 방식

요즘 신입사원 중 일부는 꽤 당차고 당돌하다.

자기 생각을 분명히 밝히고, 억울한 일엔 "그건 아닌 것 같습니다"라고 말한다.

기성세대는 그걸 무례함이라 여긴다.

하지만 그들에게는 '말하지 않으면 아무도 알아주지 않는다'는 학습이 있었다.

수많은 기회와 경쟁 속에서 살아남으려면, 자기 의견은 스스로 드러내야 한다는 경험도 있었다.

이 세대는 침묵이 미덕이었던 시대를 겪지 않았다.

대신 '표현이 곧 생존'이라는 신념을 갖고 있다.

그들은 무례한 게 아니라,
익숙한 방식대로 반응할 뿐이다.
그 방식을 해석하지 못하면,
소통은 실패한다.

> 직장생활백서 6
>
> # MZ세대는 정말 '예민보스'일까?

자존감이 센 게 아니라, 감정이 얇은 것이다

"요즘 애들은 왜 이렇게 예민하냐?"
"한마디 하면 삐지고, 눈치 보이고… 그냥 말을 못 하겠어."
"칭찬해도 왜 그렇게 어색해하고, 면담은 왜 그렇게 싫어하지?"
MZ세대를 지켜보는 관리자들의 흔한 반응이다.
그들은 사소한 말에도 예민하게 반응하고,
면담이나 피드백도 부담스러워한다.
자존감이 세고, 소통이 불편하다는 느낌을 준다.
그런데 자세히 들여다보면, 그건 예민함이 아니라 얇은 감정선 때문이다.

감정의 '진폭'이 작은 세대

기성세대는 감정을 숨기는 데 익숙했다.

칭찬을 받아도 덤덤했고, 혼나도 속으로 삭였다.

"괜찮습니다", "감사합니다", "더 노력하겠습니다" 같은 말이 자동으로 나왔다.

하지만 MZ세대는 감정을 크게 움직이지 않는다.

기쁜 일에도 겉으로 표현이 크지 않고,

화나는 일에도 조용히 말이 없어지는 쪽을 택한다.

그들에게는 감정을 숨기는 게 아니라

감정을 '폭넓게' 느끼지 않는 습관이 있다.

감정에 대한 '과도한 자각'

MZ세대는 스스로의 감정에 민감하다.

그래서 사소한 피드백에도 자기감정을 먼저 본다.

'내가 왜 이런 기분이 들지?'

'지금 저 말은 나를 무시한 걸까?'

'나는 지금 존중받고 있나?'

이런 생각이 감정의 진폭을 좁게 만든다.

큰 리액션보다는 안전하고 통제 가능한 반응을 선호한다.

자신의 감정을 함부로 드러냈다가 상처받을까 봐

애초에 감정을 아끼는 선택을 한다.

그래서인가? 상사가 신입사원에게 참고하라며 무심코 친절히 건넨 외장형 하드 자료는 일을 강요하는 갑질로도 여겨질 수 있다.

"칭찬하면 왜 더 민망해하죠?"

"잘했어, 아주 좋았어."

"역시 네가 하면 다르네."

"이번 결과는 너의 덕이 커."

이런 말을 들은 신입사원은 되레 어색하게 웃거나

"아닙니다, 운이 좋았어요."

"다 같이 한 건데요."

"아직 부족합니다…"라며 물러선다.

그들은 칭찬도 부담스러워한다.

칭찬받으면 그 기대를 또 만족시켜야 한다는 압박이 생긴다.

그래서 더더욱 자기방어적인 반응을 보인다.

그건 자존감이 약해서가 아니다.

실망시키고 싶지 않은 마음이 큰 것이다.

예민한 게 아니다.
그들은 감정을 조심히 다룰 줄 아는 세대다.
그걸 얇다고 보면 소통이 어렵고,
섬세하다고 보면 이해할 수 있다.

직장생활백서 7

'됐어'와 '조금'의 심리학

같은 말을 다르게 듣는 사람들

"보고서 괜찮게 나왔네. 근데 이 부분만 조금 고치자."
"됐어, 나중에 이야기하지 뭐."
이 두 문장이 직장 내 갈등을 일으키는 대표적인 대사라는 걸 아는가?
상사는 가볍게 던졌고, 아무 의도도 없었다고 말한다.
그런데 듣는 입장에서는 '지금까지 한 걸 부정하는 것 같고',
'기분이 상한 건가?'라는 오해를 남긴다.
직장 내 소통 갈등의 시작은 대부분 사소한 말 한마디에서 비롯된다.
특히 '조금', '됐어' 같은 말은 생각보다 큰 파장을 낳는다.

"조금만 고쳐주세요"가 무서운 이유
"조금 고쳐주세요"라는 말은 고치는 사람 입장에서는
얼마나 고쳐야 '조금'인지 모르는 모호한 표현이다.

→ **"조금"이 어느 정도인지 설명하지 않으면,**
상대는 '많이 고쳐야 하는가'에 대한 불안이 생긴다.

→ **"지금까지 했던 걸 거의 다시 해야 하나?"라는 부담도 커진다.**
그러다 보니 말하는 사람은 '정말 조금'이라고 말했지만,
듣는 사람은 '거의 처음부터 다시 해야 한다'고 받아들일 수 있다.

"됐어"라는 말이 남기는 감정

"됐어"라는 말도 마찬가지다.
말하는 사람은 "그냥 지금 하지 말자"는 의미였을지 모르지만,
듣는 사람은 "실망했어", "이야기하고 싶지 않아",
"이제 그만해"라는 단절의 메시지로 받아들인다.
특히 상대가 후배나 신입사원일 경우, 단순한 표현에도 크게 위축된다.
→ '내가 뭔가 잘못했나?'
→ '기대에 못 미쳤나?'
→ '이제 말 걸면 안 되나?'
이렇게 불필요한 자책과 거리감이 생기게 된다.

말의 의미보다 중요한 건 해석의 간극

'조금', '됐어' 같은 말은 그 자체보다 듣는 사람의 해석이 중요하다.
내가 의도하지 않았더라도, 상대가 다르게 느꼈다면 그것은 '의사소통 실패'다.

그래서 관리자일수록 더 정확하게, 구체적으로 말해야 한다.

예를 들어 보자.
→ "이 부분 문장 흐름만 매끄럽게 다듬어줘."
→ "이건 지금 바로 안 해도 되고, 오후에 얘기하자."
같은 내용이라도 어떤 말로 표현하느냐에 따라 전혀 다른 결과를 낳을 수 있다.

"조금"이라는 말이 만들어낸 진짜 에피소드
얼마 전, ○○지사에 신입직원이 들어왔다.
부장이 이것저것 면담을 하며, 신상 조사가 들어간다.
그러다가 부장이 묻는다.
"운동 좋아하나? 축구는 쫌 하나?"
신입사원이 대답한다.
"네, 조금 합니다."
"오 그래? 잘됐네. 얼마 후 이 지역 소방대하고 축구 하기로 했는데!"
부장은 이 소식을 지사장에게 전하고,
대단한 신입이 왔다며 소방대까지 소문을 낸다.
부장은 자신감에 들떠, "단단히 각오하라" 으름장을 놓는다.
하지만, 시합 날, 신입의 말이 '진짜 사실'이었다.
정말 '조금' 하는 수준이었고, 결과는 1:5 대패로 끝이 났다.

말은 짧지만, 해석은 길다.
직장 내 말 한마디는
언제나 '상대의 해석'까지
고려해야 한다.

> 직장생활백서 8
>
> # 감각 센서를 조절하라

감정보다도 감각이 우선되는 경우가 있다.

우리는 어떤 상황을 인지할 때 가장 먼저 감각적 자극(시각, 청각, 후각, 촉각 등)을 통해 정보를 받아들이고, 그 이후에 이를 바탕으로 감정이 일어나거나 이성적으로 판단하게 된다. 즉, 이성보다 앞선 것이 감정이고, 감정보다 앞선 것이 감각이다. 아무리 무서운 공포영화라도 소리를 없애면 우스워진다. 눈, 코, 귀, 입으로 들어오는 감각은 그만큼 강력하다. 그래서, 탕비실에서 들려오는 부장의 양치질 소리와 지사장의 힘주는 방귀 소리는 최악이 될 수밖에 없다.

감각은 판단을 바꾼다

우리는 종종 세일이나 한정판이라는 이유만으로 꼭 필요하지 않은 물건을 충동적으로 사기도 한다.

합리적이지 않은 고가의 명품을 구매하기도 한다. 직장에서는 개인적으로 친한 사람을 먼저 승진시키고, 승진에서 탈락한 사람은 치밀어 오르는 감정을 못 참고 사표를 내기도 한다.

상사가 기분이 좋을 때는, 직원들이 가져온 보고서가 무엇이든 쉽게 통과되기도 한다. 이 모든 건 감정이 이성을 앞서는 장면이다. 그런데, 그보다 앞서는 것이 바로 감각이다.

몸이 먼저 반응하는 순간들

예를 들어, 따뜻한 커피를 들고 있으면 온화해지고, 차가운 커피를 들고 있으면 냉소적으로 변할 수 있다.

가벼운 결재판보다 묵직하고 고급스러워 보이는 결재판이 더 중요하게 느껴진다.

담배 냄새보다 향수 냄새가 나는 직원이 자기관리를 잘하는 사람처럼 보인다. 이러한 반응은 호모사피엔스가 수십만 년간 체득한 감각 기반 판단이다.

첫인상은 감각으로 완성된다

과거 회사 현안을 의논하러 '법무법인 김앤장'을 방문한 일이 있다.

지적인 외모의 여직원이 회의실로 안내했고, 작지만 부티 나는 실내 분위기, 정갈한 메모지와 펜슬, 고급 커피잔, 그리고 깍듯한 서비스와 깔끔한 복장의 변호사들.

그들이 말하지 않아도, 그들의 수준은 이미 감각적으로 느껴졌다.

이것은 이성과 감정보다도 앞선, '감각의 우선성'을 보여주는 장면이다.

감각이 차단되면 사람은 더 민감해진다

감각이 차단되거나 제한될 때, 사람은 정보 처리 능력이 떨어지고 외부 영향에 쉽게 노출된다.

관광버스에선 원치 않던 물건을 사게 되고, 창과 시계가 없는 백화점에선 더 오래 머문다.

어두운 방에선 시각이 차단돼, 소리나 말에 더 집중하게 되며 설득당하기 쉬워진다.

감각을 자극하는 꼰대들

직장에서는 나이가 들수록 주변 눈치를 덜 보게 되고, 인내심과 괄약근도 함께 약해진다.

그래서 지사장은 직원이 옆에 있어도 힘주어 방귀를 뀌며 통쾌해하고, 부장은 탕비실에서 객객거리며 양치질을 해댄다.

그들은 자신이 무슨 짓을 하고 있는지도 모른다.

방귀는 바람처럼 사라지지만, 동료들의 기억 속에는 영원히 남는다.

꼰대의 귀띔

> 나이를 먹고 직위가 올라갈수록,
> 몸이 자꾸 편해지려는 본능을 참고
> 직원들의 감각 센서를
> 의식하는 습관을 가져야 한다.

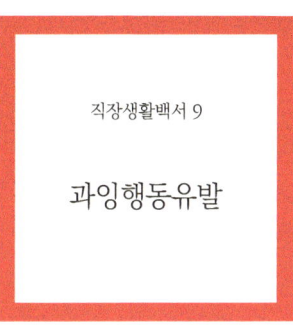

직장생활백서 9

과잉행동유발

| 조직 내에서 리더의 질문은 개선 지시로 해석될 수 있다.

문재인 대통령이 청와대 직원과 정원을 산책하던 중, 나무 이름을 물었다.

직원이 대답하지 못하자, 다음 날 정원의 모든 나무에 이름표가 붙었다. 그 한마디는 단순한 호기심이었을지 모르지만, 실무진은 '중요한 메시지'로 받아들였다.

참새 때문에 벌어진 과잉행동

1950년대 중국, 마오쩌둥이 말했다.

"참새는 곡식을 먹는 나쁜 새다."

→ 중국 전역에서 '참새잡기'가 시작되었다.

→ 해충이 늘어났고, 참새를 몰래 길러 실적을 조작하는 일까지 벌어졌다.

한마디가 수천만의 과잉행동으로 이어진 것이다.

상사의 말은 질문이 아니라 '암시'다

조직 내에서 리더의 질문은 단순한 호기심이 아닌 지시로 해석된다.

공공기관·관료조직에서는, "관심 표현" 하나만으로도 직원들이 "다음에도 같은 질문을 받을 수 있다"는 전제하에 미리 준비하고 움직인다.

혼잣말 같지 않은 부장의 말

K는 지랄 맞은 부장 때문에 고통받고 있다.

부장은 본인의 지시를 하나님 말씀처럼 여긴다.

지시에 조금만 늦어도 난리를 치고, 더 힘든 건 그의 '혼잣말'이다.

"오늘 이사님 계시나?",

"오늘 점심 뭐지?",

"오늘 비 오나?",

"옆 사무실 왜 시끄럽지?"

그 말을 듣고 대꾸하지 않으면, "피드백이 없다"고 혼난다.

K는 이게 진짜 질문인지, 그냥 혼잣말인지 헷갈려서 모든 말에 신경을 곤두세워야 한다.

리더의 말이 조직을 흔든다

그래서, 상사는 부하 직원 앞에서 오해 살 수 있는 말은 최대한 자제해야 한다.

무의미한 호기심도 입 밖에 내지 않는 게 좋다.

직원은 상사의 말 한마디로 혼란을 겪고, 대답을 못 하면 스스로를 탓하게 된다

> 상사의 말은, 말 그 자체가 아니라
> '실행 명령'처럼 들린다.
> 말보단 행동으로,
> 행동보단 책임으로 보여줘야 한다.

직장생활백서 10

자리가 사람을 변하게 한다

직급이 올라갈수록, 뇌는 자동화를 시작한다

손보다 먼저 멈추는 뇌

부서장 정도의 직위가 되면 늘 부하직원들이 함께 다닌다.

출장지까지 뇌를 비워놔도 무난히 도착할 수 있다.

운전할 필요도 없고, 식당이나 카페에 가면 직원이 알아서 주문도 해준다.

지하철이든 공항이든 직원 뒤에만 서 있으면 모든 것이 해결된다.

그러면서 부서장의 손과 뇌는 점점 쓸모가 없어진다.

그러다가 수행직원이 없으면 작은 실수들이 생겨나고, 그 불편함은 당사자에게 더 당황스럽다.

J처장과의 엘리베이터 에피소드

유럽 출장 중, 동료인 J처장과 호텔 방을 함께 쓰게 되었다.
아침 조식을 먹으러 엘리베이터를 탔다.
문이 닫혔는데 엘리베이터가 움직이지 않았다.
…둘 다 버튼을 누르지 않았던 것이다.

식당 입구에서는 직원이 조식 옵션이 포함되어 있는지 묻는다.
우리 둘 다 방 번호를 기억하지 못했다.
서로 멀뚱히 쳐다보다가 카드키를 꺼내봤지만, 거기엔 방 번호가 없었다. 이처럼 오랫동안 직원들의 배려에 익숙해지면 사소한 정보를 뇌에 담아두는 습관 자체가 사라진다.

뇌는 쓰지 않으면 진화 대신 퇴화한다

출장 서류 처리도 문서 작성도 그동안은 말로만 해왔기에, 직원들의 도움이 없으면 손도 대기 어렵다.
컴퓨터를 옮기고 세팅하는 일도 마찬가지다.
회사 인트라넷과 핸드폰 기능은 나날이 발전하는데, 부서장의 손과 뇌는 점점 뒤처진다. 이건 단순한 게으름이 아니라, 습관화된 외부 의존이 만든 퇴화의 결과다.

작은 말투에서 드러나는 변화

직급이 올라가면 본인도 모르게 태도와 행동이 바뀐다.

그리고 그 변화는 오래 지속될수록 습관이 된다.

처장으로 승진한 후, 아내와 사소한 말다툼을 했던 적이 있다.

아내는 내 말투가 예전과 다르다며 "사람이 변했다"고 했다.

나는 절대 아니라고 항변했지만, 상대방의 느낌이 그렇다면, 그게 맞는 것이다. 돌아보면, 집에서도 엘리베이터 버튼을 누르는 사람은 늘 나 말고 다른 사람이었던 것 같다.

권위는 무의식 속에 깃든다

직장에서도 비슷한 일이 있었다.

어제까지만 해도 동등했던 선배가 승진하고 나니, 다음 날부터 태도가 180도 달라졌다. 권위적으로 변한 그의 모습에 당황했고, 서운함이 밀려왔다. 직위가 올라가면서 업무상 행동과 말투가 바뀌는 건 어느 정도 이해할 수 있었지만, 감정까지 바뀌는 건 쉽게 받아들이기 힘들었다.

> 초심은 과거가 아니라, 지켜야 할 기준이다.
> 높은 자리일수록 더 자주, 더 의식적으로 돌아봐야 한다.

직장생활백서 11

직장의 빌런, 올포기스트 (Allpoggist)

> 포기는 열정마저 좀먹는다.

포기의 끝판왕, 올포기스트

직장에서 가장 함께 일하기 힘든 유형이 있다.

바로 올포기스트(Allpoggist)다.

이들은 단순히 승진만 포기하는 게 아니다. 관계, 성과, 열정, 꿈까지 포기한 사람들이다.

그리고 조직의 에너지 흡수원, 일명 '직장의 빌런'으로 기능한다.

말 걸면 싸우고, 일 주면 짜증 낸다

올포기스트는 어떤 상황에서도 부정적이다.

조언을 주면 "시비 건다"며 욕하고, 업무를 주면 "일이 많다"고 불평하고, 매뉴얼을 주면 "복잡하다"며 불만을 품는다

새로운 일을 제안하면 "기존 것이 낫다"고 말하고, 문제가 생기면 "내 책임 아니다"라고 회피한다.

책임과 권한 모두 회피하는 기술

일을 주면 "권한이 없다"고 말하고, 권한을 주면 "직원이 없다"고 불만이며, 조직의 화합을 도모하면, 되려 부서 갈등을 유발한다.

상사에게는 "무리하다"고 반발하고, 부하에게는 "날 무시한다"며 질책한다.

그들에게는 모든 것이 불만이고, 세상 모든 것이 쓸모없다.

전통적인 올포기스트의 항변

"내가 이러고 싶어서 이러는 줄 알아요?"

이들은 늘 자신이 자발적으로 포기한 게 아니라고 말한다.

"조직의 불합리와 모순 때문에 이렇게 된 거다."

이게 과거 올포기스트들의 대표적 변(辨)이다.

새로운 '자의적 포기자'의 등장

하지만 요즘은 다르다.

최근에는 자의에 의해 승진을 포기하는 사람들이 늘고 있다.

예를 들어, 회사 블라인드에 올라온 다음 글을 보자.

"차장 승진 꼭 해야 하나요?"

초급 간부조차 승진을 거부하는 흐름이 생기고 있다.

삶을 택한 사람들

이들은 이렇게 말한다.

"일보다 삶이 더 중요하니까요."

높은 직책에 따르는 책임과 스트레스를 피하고 싶어 하고 가족과의 시간, 건강, 취미를 더 중시한다

성과 압박과 리스크 부담을 회피하고 승진해도 좋은 게 없다는 인식도 퍼져 있다. 특히, 전문직(연구원, 개발자, 디자이너 등)에서는 현 직무에 만족하며 새로운 역할에 대한 변화 스트레스를 꺼린다.

현실적 포기의 논리

어떤 사람들은 "나는 리더형 인간이 아니에요." "경쟁 싫어요. 지금이 좋아요."라고 말한다.

스스로의 성향과 에너지 수준을 분석하고 아예 경쟁을 접고 현재에 집중하겠다는 선택을 한다.

이런 가치관은 Z세대를 중심으로 더욱 강하게 나타난다.

> 승진은 포기할 수 있어도, 열정까지 포기하면
> 조직은 무덤이 된다.
> 회사는 이제 이들을 조직문화의 한 흐름으로
> 배려해야 한다.

직장생활백서 12

달면 먹고
쓰면 뱉는다

책임 없는 권한은 독이 된다

권한과 책임은 함께 가야 한다
직장에서의 권한(Roles)과 책임(Responsibilities),
즉, R&R은 조직 운영의 핵심이다.

회사는 직원들에게 권한과 책임을 동시에 부여하고, 그에 맞는 역할을 충실히 수행하길 기대한다.

하지만 현실은 다르다. 좋은 성과는 상사가 챙기고, 나쁜 결과는 부하에게 떠넘기는 일이 비일비재하다. 그래서 권한과 책임은 "달면 먹고 쓰면 뱉는 식"이 되기 십상이고, 이는 항상 조직 내 갈등의 불씨가 된다.

책임 떠넘기기의 실전 예시

국책사업을 추진하면서 C부장은 정부 예산이 줄었다는 이유로 K차장을 질책한다.

"왜 깎인 거야? 부처에 설명을 잘못한 거 아냐?"

사실 그건 차장급 선에서 어찌할 수 있는 일이 아니었다.

하지만 부장은 무책임하게 책임을 전가한다.

K차장의 속마음은 이렇다.

"지는 가만히 있다가 왜 나한테만 지랄이야?

그럴 거면 자리를 내놓든가!"

책임 회피의 6가지 유형

상사들의 책임 회피는 여러 형태로 나타난다.

① 중요 사안 회피형

시간 끌기, 부서 핑퐁, 결재선 미루기

"이건 본부장님 결정이야. 나는 몰라."

② 애매 지시형

"알아서 판단해", "일단 해보고…"

결과 좋으면 공은 자기 것, 나쁘면 책임 전가

③ **부하 탓 회피형**

"내가 시킨 대로 안 했잖아", "왜 보고 안 했어?"

④ **비문서화 회피형**

"문서는 첨부 말고 별첨으로", "메일로만 보내"

⑤ **외부 요인 전가형**

"시장 상황이 이럴 줄 누가 알았나?"

"그땐 그게 최선이었어"

⑥ **민감 회의 회피형**

회의 참석 미루기, 책임 없는 말 남기기

"대신 참석해줘. 난 이렇게 하라고 한 게 아닌데?"

시대에 따라 진화한 리더의 책임감

시대	리더의 말	결과
산업화 시대	"죽든 말든 앞으로 가!"	책임은 부하에게
현대화 시대	"나 믿고 따라와"	책임은 부하에게
정보화 시대	"한번 해봐, 잘하고 있어"	책임은 리더가짐

진짜 리더는 성과는 나누고, 실패는 안는다.

진짜 리더의 책임 사례

○○지사 사례

지자체가 20년간 무단취수를 했던 사건이 있었다. 지사장은 갈등을 감수하는 법적 소송보다 "향후 물값만 내는 조건"으로 협의했다. 하지만 감사에서 문제가 되어 징계가 떨어졌을 때, 지사장은 부하 대신 자진하여 책임을 졌다. 오히려 지사장의 리더십에 대한 신뢰는 더 높아졌다. 권한은 신뢰를 먹고 자란다. 신뢰를 잃으면 권한도 사라진다.

K의 프로젝트 사례

도시개발 프로젝트에서, K는 분양(1안) vs 혁신마을 조성(2안) 사이에서 부하들과 이견이 있었다. K는 2안을 선택하며, 메일과 카톡으로 다음과 같이 말했다.

"향후 감사 등 문제 발생 시, 모든 책임은 내가 진다." 그 확신 덕분에 부하들이 신뢰하고 추진에 함께했다.

> 책임 없는 권한은 독재로 가고,
> 권한 없는 책임은 착취로 가는 길이다.
> R&R은 항상 짝을 이뤄야 한다.

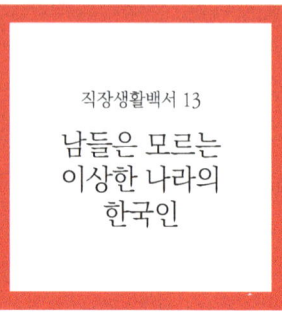

직장생활백서 13
남들은 모르는
이상한 나라의
한국인

세계 어디에도 없는 '관계의 심리학'

선을 긋는 일본인, 선을 넘는 한국인

일본인은 정해진 틀과 규칙 안에서 일하기를 선호한다.
택시 기사는 목적지만 묻고, 업무는 매뉴얼대로 처리한다.
자신의 역할에만 충실한 부품형 인간으로 살아간다.
반면 한국인은 오지랖과 융통성을 미덕으로 여긴다.
택시 기사가 목적지 외에도 이것저것 묻고, 공연장에서는 조용히 감상하기보다 떼창으로 참여한다.

일본인: 튀면 죽는다 → 선글라스를 벗는다
한국인: 튀어야 산다 → 선글라스를 낀다
-〉한국은 정해진 틀을 지루해하고, 상황에 따라 바꾸려 한다.

이 차이가 바로 '선 긋는 문화'와 '선 넘는 문화'의 핵심이다.

"몰라도 안다"는 미국인 vs "알아도 모른다"는 한국인

한국인은 잘하는 것도 감춘다.

겸손을 미덕으로 여겨, 자신의 능력을 과소평가하는 문화다.

그래서 미국인처럼 "난 잘한다"보다,

"보잘것없는 저의 자식 결혼식에…" 같은 말을 자연스럽게 쓴다.

미국인: 자신을 과대평가 (개인주의)
한국인: 자신을 과소평가 (집단 내 겸손 문화)
-> 한국인은 겸손이 덕목이자 생존법이다.

시종일관 미국인, 시시때때 바뀌는 한국인

미국인은 소신과 가치관에 따라 일관되게 행동한다.

일본인은 집단 내 규범에 따라 모두 비슷하게 행동한다.

하지만 한국인은 상대에 따라 행동을 바꾼다.

회의 상대가 부서장인지 직원인지에 따라 내용이 다르고, 식당에서는 상사의 메뉴에 따라 모두가 선택을 맞춘다.

한국인은 관계의 맥락에 따라 움직이는 민족이다. 상황보다는 "상대가 누구냐"가 더 중요하다.

욕쟁이 할머니에게 욕 처먹으러 가는 한국인

한국인은 말보다 진심을 중시한다.

욕쟁이 할머니의 욕도 정감 있는 욕으로 받아들인다.

표현의 겉모습보다 진심이 느껴지는지, 감정이 실렸는지를 더 중요하게 여긴다.

일본 침략에 대한 사과도 공식적 사과보다 '진정성 있는 사과'가 있어야 납득한다.

한국인은 진심이 없으면, 말도 소용없다고 믿는다.

"My wife"가 "우리 와이프"가 되는 나라

한국인은 세계에서 가장 관계적인 자아 개념을 가진 민족이다.

'나의'보다 '우리의'라는 표현이 훨씬 자연스럽다.

'나의 집' → '우리 집'

'나의 와이프' → '우리 와이프'

심지어 혼자 사는 사람도 "우리 집"이라고 한다.

꼰대의 귀띔

이건 단지 말버릇이 아니라
사회적 조화와
집단 안에서 존재감을 찾는
심리 구조 때문이다.
그래서 한국인의 자기소개서에는
꼭 가족관계가 등장한다.

> 직장생활백서 14
>
> 하나를
> 선택할 수 없어
> '짬짜면'을
> 만드는 한국인

한국인은 양극단의 가치를 동시에 추구하려는 성향이 강하다.

"질도 좋고 양도 많이", "싸면서도 좋은 것", "이왕이면 다홍치마"는 모순이지만 모순이라는 인식조차 없다.

CCTV는 필요하지만 감시는 싫다
예산은 줄이되 성과는 높여야 한다

하나를 선택하면 다른 하나는 포기해야 한다는 개념이 약하다. 둘 다 가지려는 '짬짜면 심리'가 한국인의 특징이다.

정해진 대로 하면 안 되는 이상한 민족
한국인은 매뉴얼보다 자신의 판단과 직감을 더 신뢰한다.
"정해진 대로 하라"는 말은 "시비 거냐?"로 받아들여지기도 한다.
기계를 150%로 돌려 써야 직성이 풀리고

도면보다 현장 경험을 더 믿는다

이는 타인에게 인정받고 존재감을 확인받으려는 주체성이 강한 문화 때문이다. 그래서 한국인은 '정해진 틀'을 따르기보다, 스스로 틀을 만든다.

워라밸 하려고 워커홀릭 하는 한국인

한국은 근로시간은 길지만 생산성은 낮은 나라다.

상사는 직원들의 충성심을 보고 싶어 하고, 직원은 그 기대를 충족시키려 한다. 그래서 "미래의 워라밸을 위해, 오늘의 워커홀릭을 감내한다."

집에서도 업무를 생각하고 휴일에도 일 걱정을 한다. 한국인은 쉬기 위해 더 일하는, 역설적 심리를 가진 민족이다.

친구 따라 강남 가고, 메뉴는 '아무거나'

식당에서 메뉴를 정할 때 "아무거나", "아무 데나"를 말하는 건 진짜 아무거나가 아니라, 상대의 선택에 따라 내가 맞추겠다는 뜻이다.

한국인은 다중적 선호를 미리 설정해두고, 그 안에서 관계 중심으로 선택을 조정한다.

선택은 '관계와 맥락'을 따라 유동적으로 변한다. 친구 따라 강남도 가고 부서장 따라 메뉴도 바꾼다.

모두가 형님이고 이모인 나라

한국인은 가족의 원리로 사회를 해석하려는 경향이 강하다. 그래서 식당 이모, 택시 아저씨, 캐디 언니, 동네 형님이 자연스럽다.

가화만사성, 충효, 군사부일체 등은 집단을 '가족'처럼 여기는 문화에서 비롯됐다.

일본인과 달리 한국의 노약자석이 지하철에서 잘 운영되는 것도 이런 심리적 가족 개념 덕분이다.

한국인은 조직·국가도 가족처럼 느끼는 사회적 정서를 갖고 있다. 그래서 직장에서도 형님 동생 관계가 되면 일도 가족 관계처럼 해결하려한다.

> 한국인은 세계에서도 독보적으로 관계와 감정,
> 맥락과 집단을 우선하는 '심정 중심의 민족'이다.
> 그래서 더 강하고, 그래서 더 피곤하다.

직장생활백서 15
여탕 남자를 용인하는 일본인, 미친놈이 되는 한국인

마음을 보겠다는 초능력의 한국인

일본은 전형적인 집단주의 문화다. 개인은 집단의 부품이고, 자신의 역할에 충실하다.

그래서 여탕의 남자 보일러공도 '남자'가 아닌 그저 보일러공으로 인식한다.

감정노동도 적고, 희생을 감내하며 분노도 적다.

반면 주체성이 강한 한국인은, 여탕에 남자 보일러공이 나타나면 "그냥 미친놈, ×새끼"라는 반응을 보인다. 즉, 역할보다 존재를 먼저 본다.

한국인은 사람을 '역할'보다 '개인'으로 본다. 그래서 '공과 사'의 경계가 자주 무너진다. "우리가 남이가"처럼

마음을 보겠다고 믿는 초능력의 한국인

한국인은 행동보다 진심을 중시한다.

그래서 마음을 자꾸 들여다보려 하고, 그 마음을 볼 수 있다고 믿는다.

일본의 사과가 받아들여지지 않는 것도 표면보다 '진심'이 없다고 느끼기 때문이다.

직장에서도 상사는 빈둥대는 직원보다 쓸데없는 일이라도 야근하는 직원이 더 예뻐 보인다.

회식에서 망가지고 다음 날 지각해도 충성심을 봤다며 칭찬받는 심리가 작동한다.

한국인은 애사심, 진심, 충성 같은 '보이지 않는 것'에 민감하다.

회사보다 사람이 우선인 한국인

일본인은 조직이 곧 자아라고 여긴다.

조직이 무너지면 자아도 붕괴된다.

하지만 한국인은 조직보다는 조직 내 '개인과의 관계'를 더 중요시한다.

그래서 친한 상사를 위해 더 일하고 청탁을 거절하지 못하고 현장 상황마다 사람에 맞는 대응을 하게 된다. 그 결과 한국은 감정 노동 세계 최상위. 특별법 제정 최다 국가다. 좋은 걸까?

사람을 배려하다 보니, 법보다 예외가 많아지는 사회가 된 것이다.

생각이 없는 일본인, 생각이 너무 많은 한국인

일본인은 매뉴얼에 따라 행동하고, 사람 눈치보다 규정에 더 충실하다. 한국인은 매뉴얼이 있어도 바꾸며, 효율성과 상황 논리를 우선한다. 사람이 없는 횡단보도에선 신호를 무시하고 "이 신호등이 잘못된 거지"라고 해석하는 식이다.

*일본 식당 사례

→ 뜨거운 물만 있는 상황에서
"미지근한 물 달라"는 요구에 종업원은 당황
→ "이건 매뉴얼에 없어요…"

*일본 편의점 사례

→ 한국인 알바가 일찍 출근했더니 일본 점장은 "규정 어긴 민폐"라고 지적

한국인은 상황에 따라 판단하고 규정보다 유연함을 선호하는 민족이다. 서양인의 시각에서 한국과 일본은 둘 다 동양, 둘 다 집단주의다. 하지만 한국은 일본과도 다르다. 관계, 감정, 주체성 중심의 심정문화를 가지고 있기 때문이다. 그래서 서로는 가깝지만 먼 이웃이 된다. 이해가 어려운 '이상한 나라'가 된다.

꼰대의 귀띔

한국인은 집단주의 안에서도
'관계'와 '감정'을 본다.
그래서 더 유연하고,
더 예민하며, 더 특별하다.

> 직장생활백서 16
>
> 직장에서 정답은 없다, 다만 '관점'이 있을 뿐이다

| 직장은 정답이 아닌 '해답'을 찾는 곳이다.

승진자들의 심리

능력 있어 승진 → "승진 별 거 아냐"

능력 있어도 미승진 → "조직이 썩었네"

능력 없어도 승진 → "내가 짱이야"

능력 없고 미승진 → "불만만 가득"

능력 없는 사람이 승진하면 억울하겠지만, 그들도 나름의 정치력과 목표 달성 의지가 있었던 사람이다.

조직문화, 말뿐이다

일 열심히 하는 부서에서 안 하면 → 민폐다

일 안 하는 부서에서 열심히 하면 → 튄다

그래서 '조직문화'는 말로는 되지만
현실에서는 잘 작동하지 않는다.

이부장, 적당히 좀 해

상사가 스트레스를 많이 받으면 → 부하 괴롭힘 (갑질)
부하가 스트레스를 많이 받으면 → 자기 괴롭힘 (자학)

과일은 스트레스로 당도를 높이고, 사람은 스트레스로 동기와 활력을 얻는다.
이부장이 적당히만 해도 부하는 산다.

가정과 직장은 다르다

가정에서는 "하지 마라"에 익숙해야 하고
직장에서는 "해라"에 충실해야 한다

'하지 마라'의 습관을 직장에 가져오면 곤란하다. 나이 들수록 이 경계가 흐려진다.

지방대 직원의 '변'

정답이 있는 것을 잘하는 사람 → S대
정답이 없는 것을 해결하는 사람 → 지방대

직장은 정답이 아닌 '해답'을 찾는 곳이다.
'정답만 있는 줄 알면' 더 나은 해답의 기회를 놓친다.

MZ가 말하는 꼰대 기준

"지갑 열고 말해라"
"지갑 닫고 말하면 그냥 꼰대다"

상사는 말보다 마음과 지갑이 열려야 인정받는다.

개소리하는 상사

좋은 사람 많이 만나는 게 중요한 게 아니다
→ 개소리하는 개××를 피하는 게 더 중요하다
차라리 말 없는 개가 낫다.

다들 문제라고 말하지만…

직원은 "회사부터 바뀌어야 해"
상사는 "직원들이 먼저 바뀌어야 해"
모두 자기 외엔 바꿀 생각이 없다.

그게 직장이다.

제2의 창립기념일

직장에서의 황금기 → 업무가 만든다
직장에서의 흑역사 → 사람이 만든다

나를 괴롭힌 흑역사(개××)가 퇴사한 날,
→ **내겐 '제2의 창립기념일'이 되었다.**

상사와 부하의 다른 바람

상사는 연봉 인상을 원하고
부하는 상사의 해고를 바란다

<u>미국 연구 결과:</u>
65%의 직장인, 연봉보다 '상사 해고'를 원한다.

눈칫밥 인생

직원은 상사 눈치 보며 일하고,
상사는 직원 눈치 보며 일 시킨다.

모두가 서로 눈치 보는 구조, 그래서 불만도 많다.

상사와 직원의 생각 차이

상사: "직원이 중요해"

직원: "상사가 중요해"

모두가 "세상은 나를 중심으로 돌아가야 해"라고 생각한다.

직급별 회사 인식 변화

회사에 대한 인식은, 직급에 따라, 사람에 따라 달라진다.

직급	My 심리	옆사람 생각
사원	"회사 최고!"	'쪼금 있어 봐'
대리	"다른 데는 안 그런데…"	'이직해도 똑같아'
과장	"나 없으면 회사 망해"	'너 없어도 돌아가'
차장	"회사 엉망이야"	'당신도 포함될 수 있어'
부장	"회사 예전 같지 않아"	'예전 같았으면 당신 없었어'
처장	"회사 최고야!"	'곧 퇴직이야…'

"이과장, 일 안 하고 뭐 해"

상사는 "직원이 노는 걸 볼 수 있는 능력"이 있고
직원은 "상사 무능을 볼 수 있는 능력"이 있다고 믿는다.
서로 능력이 많다고 믿지만, 실력은 아니다.

"부장님, 나중에 두고 봐요"

승진은 선배에게 달려 있지만,
노후는 후배에게 달려 있다.
후배에게도 반만큼은 잘해라. 노후에 후회 없다.

"뽀올~ 몰간!"

멀리건은 빨리 주고,
딴 돈은 쿨하게 돌려주라
딴돈으로 밥사고 생색내면 인심만 잃는다
"내 돈 내고 내가 치는 골프, 앙금이 없어야 재미있다"

*참고

포어(Fore) 아닌 '뽈'
멀리건(Mulligan)이 아닌 '몰간'이 아마추어의 정답이다

'열심히'가 아닌 '제대로'

상사: "열심히보다 제대로 하는 직원이 필요해"
직원: "놀지 않고 같이 일하는 상사가 좋다"
서로 다른 곳을 바라보지만, 존중하면 싸우지 않는다.

밉상과 왕따

"밥 먹자" 해놓고 계산 안 하면 → 밉상

비싼 메뉴 고르고 손도 안 되면 → 진짜 밉상

제안만 하고 뒷전이면 → 십중팔구 왕따

제안은 선택이 아니라 책임과 배려의 표시다.

오지랖과 옳은 개소리

존경받는 선배의 충고 → 조언

비호감 선배의 충고 → 오지랖

충고는 조언할 자격이 있는 사람만 해야 한다.

아무리 옳아도 사람이 틀리면 '옳은 개소리'가 된다.

선배와 후배의 불평 불만

능력 없는 후배 → 선배의 초조함이 불평이고

능력 없는 선배 → 후배의 느긋함이 불만이다.

누구든 입장에 따라 말과 태도의 해석이 바뀐다.

직장은 사람이 말하는 곳이다.
그래서 말에는 진심이, 감정이,
권력이, 성장이 숨어 있다.
그 말들을 듣고, 배우고,
다르게 말할 줄 아는 사람이
진짜 직장심리학자다.

> 직장생활백서 17
>
> # 지나고 나면 보이는 것들

| 상사 욕하던 후배도 후배를 받으면 꼰대가 된다.
세상은 돌고 돈다.

이야기와 비즈니스는 '만나는 것'
"이야기는 만드는 것이 아니라, 만나는 것이다." – 이창동 감독

방에만 있다고 이야기가 생기지 않듯,
사무실에만 있다고 비즈니스는 생기지 않는다.
누구든 만나야 진짜 일이 된다.

어느 퇴직 선배의 후회
현직 때는 될성부른 후배가 없어 보였고,
퇴직 후엔 그 후배들이 의지처로 보인다.
퇴직하면 시선이 달라진다.
"그땐 왜 그렇게 부족하다고 봤을까…"

급여와 일, 셋의 차이

급여만큼 일하는 사람
→ **워라밸 지키지만, 회사의 버팀목**

급여 이상으로 일하는 사람
→ **회사의 보석, 하지만 언제 떠날지 모름**

급여보다 못하는 사람
→ **봉급만 챙기는 기회주의자**

사람마다 다르다. 다만, 잘 구분해서 다뤄라.

내일 퇴직자의 후회

"세상에서 돈, 명예보다 비싼 건 시간이다."
→ **그래서 퇴직까지 많이 남은 후배가 진짜 갑이다.**

후회되기 전에, 후배에게 잘해라.

직장에서 중요한 건 '매력'
얼굴보다 표정
몸매보다 자세
실력보다 매력

직장에서 매력 있는 사람이 오래간다. 그런데 이 셋은 가장 갖추기 어렵다.

뒷담화는 자랑의 실패다
내 얘기가 과하면 자랑이 되고, 남 얘기가 과하면 뒷담화가 된다.
성과 없는 사람일수록 뒷담화를 한다. 자랑이 없으니, 남 얘기를 해야 한다.

도전하지 않은 후회
"쉬운 길은 모두에게 쉽다."
→ 남들이 안 가는 길을 가라, 그게 도전이다.

도전은 실패하든 성공하든 미래의 자산
→ 하지 않은 것만이 후회로 남는다.

사마천의 화식열전

사람들의 반응은 '상대 능력의 차이'에 따라 변한다.

10배 잘나면 → 헐뜯고
100배 잘나면 → 두려워하고
1,000배 잘나면 → 고용하고
10,000배 잘나면 → 복종한다

직장에는 '비스무리한 사람'이 많다. 진짜 잘나면 공격 당할리 없다.

'될 사람'을 곁에 둬라

난 사람: 이미 뜬 사람
든 사람: 똑똑한 사람
된 사람: 인격자

하지만 조직에서 가장 중요한 건 아직 덜 떴지만, 결국 뭐든 '될 사람'

힘들 때와 잘 나갈 때 기억할 말

"되는 것도 없고, 안 되는 것도 없다."
위기엔 용기가 되고 절정엔 겸손이 되는 말.
스스로를 붙잡아주는 주문이 필요하다.

깊은 상처는 오래 남는다
10번 잘해도 1번의 실수만 기억난다
1번의 실수를 덮으려면 10번의 진심이 필요하다
한 개의 악플을 덮으려면 100개의 선플이 필요한 것처럼.

경청의 중요성
상대의 관심사를 듣는 건 인내가 필요하다.
인내가 안 되면 경청하는 척이라도 해야 한다. 핸드폰을 안 보는 척 내려놔라. 그것만으로도 공감의 시그널이다

우물 안 개구리 vs 바다 개구리
"우물 안에서도 세상을 볼 수 있는 시대"
지금은 우물 속에서도 디지털로 바다를 본다
어디에 있느냐보다, 어떻게 보느냐가 중요하다
현재의 나에 집중하라.

승진 후 저지르기 쉬운 3가지 실수
승진하면 실력을 과대평가 → 경험 강요
승진하면 말투·태도 바뀜 → 지적 많아짐
도움 준 사람 잊고 → 앞으로 힘이 될 사람만 챙김

승진은 자만이 아닌 성찰의 시작이어야 한다.

싹수 없는 선배가 후배를 판단하고
싹수 없는 후배가 선배를 평가한다.
회사엔 싹수가 넘쳐난다.
모두가 자기만은
싹수 있다고 믿기 때문

직장생활백서 18

무식하면 용감한 이유

아는 게 없으면 자신감도 없을 것 같지만, 실상은 얕은 지식이 오히려 섣부른 판단과 확신을 만들어낸다.

등장인물의 심리

S는 오늘 자뻑 부장과 한판 붙었다. S는 주변인들에게 항상 훈장 노릇을 하는 부장의 태도가 맘에 안 들었는데, 오늘은 도저히 참질 못했다.

부장은 자신의 경험을 들어가며 큰소리로

"그게 아니라니까? 답답하네!!".

S에게 면박을 주는데, 말도 안 되는 억지 논리였기 때문이다.

부장은 관련 부서에 가서도 같은 주장을 펴는데, S는 창피해서 얼굴을 못 든다.

S는 '뭣도 모르는데 저 사람이 어떻게 진급했지?'라며 속이 끓는다.

스스로를 과대평가 하는 이유

우리말에 "무식하면 용감하다" 또는 "무식한 사람이 신념을 가지면 더 무섭다"는 말이 있다. 그런 의미에서 찰스 다윈은 "무지는 지식보다 더 확신을 하게 한다"라는 고상한 표현으로 무식한 사람을 설득시키는 것이 얼마나 어려운지를 말하기도 했다.

심리학에 더닝-크루거 효과(Dunning-Kruger Effect)라는 개념이 있다.

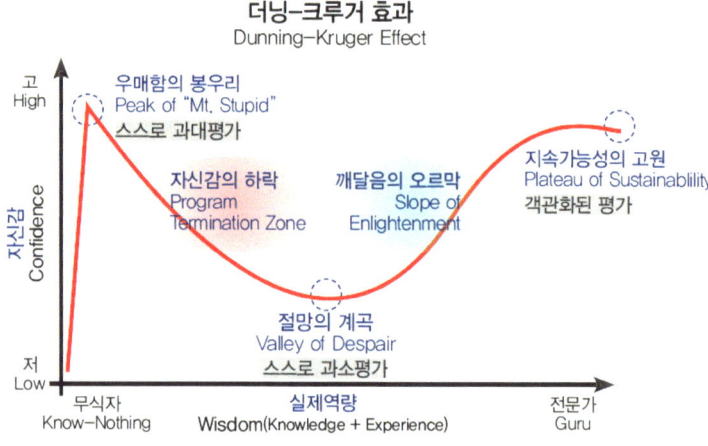

수박 겉핥기 수준의 사람은 환영적 우월감에 사로잡혀 자신의 실력을 턱없이 높게 평가하는 반면, 지식이 많은 사람은 오히려 자신의 실력을 과소평가하여 환영적 열등감에 빠지게 되는 현상이다.

직장 내 유형

직장에서 답답한 두 가지 유형이 있다.

능력은 없는데도 밀어붙이는 우기기 대장
능력은 있는데도 끌려다니는 신중 과잉러

이 모두 더닝-크루거 효과의 변형된 양상이라 볼 수 있다.

아는 게 없으면 자신감도 없을 것 같지만, 실상은 얕은 지식이 오히려 섣부른 판단과 확신을 만들어낸다.

즉, "서울도 안 가본 사람이 가본 사람을 이긴다"는 말과 비슷하다.

반대로 지식이 많은 사람일수록 "더 좋은 방법이 있진 않을까?"라는 고민 끝에 과도한 신중함에 빠져 결정을 내리지 못하는 경우도 많다.

결국, 자신을 정확히 바라보는 눈이 중요하다는 뜻이다.

자아 각성의 단계

학사 : 난 이제 모든 걸 안다고 생각한다.
석사 : 공부를 더 해보니 모르는 게 조금 있는 것 같다고 생각한다.
박사 : 생각보다 모르는 게 많은 것 같다고 생각한다.
교수 : 나는 아무것도 모르는데 내가 얘기하니까 학생들이 다 믿는다.

얕은 지식에 의존해
무모하게 덤비는 사람은
다양한 채널로 지식의
깊이와 폭을 보완해야 한다.

과도한 신중함으로
기회를 놓치는 사람은
고민보다 행동을 시작하는
용기가 필요하다.

직장생활백서 19

세상에서 가장 센 착각

나는 절대 착각하지 않는다. 과연 그럴까?

그들의 묘한 심리

S는 부장과 출장을 가며 기차표를 인터넷으로 함께 예매했다.

출장이 잦다 보니, 매번 돈을 따로 요청하기 번거로워 여러 번을 묶어 출장비를 청구하기로 했다.

"부장님, 지난번 출장비 아직 안 주셨는데요. 4번 출장 총 20만 원입니다."

하지만 부장은 "왜 4번이지? 2번은 이미 줬지 않나?"라며 기억이 다르다.

서로 얼굴을 붉히게 되고, S는 '내 돈도 욕먹으며 받아야 하나' 싶어 기분이 나쁘다.

'나는 착각하지 않는다'는 착각

세상에서 가장 강한 착각은 바로 '나는 착각하지 않는다'는 착각이다.

우리의 뇌는 완전하지 않다. 그래서 뇌를 전적으로 믿으면 안 된다.

즉, 뇌는 의도하지 않아도 착각을 만들어낸다.

뇌는 감각 기관(눈, 귀, 피부 등)으로부터 정보를 받아들이지만,

그 정보를 그대로 받아들이는 것이 아니라, 과거의 경험과 선입견, 상황에 따라 재해석한다.

이것은 인간이 빠르게 대응하고 생존하기 위해 진화해 온 결과이기도 하다.

착시와 착미

그림 A,B, 두 개의 색상이 다른 것처럼 보이지만, 실제로는 같은 색인 이유는 뇌가 '그림자 속의 사물은 더 밝을 것이다'라고 과거 경험

을 기준으로 재해석하기 때문에 생기는 시각적 착각이다.
(실제 그림A,B만 남기고 모두 지우면 색상이 같아 보인다.)

똑같은 커피도 가격표를 다르게 붙이면 맛이 다르게 느껴진다.
비싼 커피라고 믿는 순간, 우리는 스스로를 속이며 부드럽고 풍미 있는 맛을 만들어낸다.
"선호해서 선택하는 것이 아니라, 선택한 후 선호하는 것"이다.

기억의 왜곡과 직장 내 갈등
기억은 단순한 저장이 아니다.
우리는 1차원적 눈으로 경험하지만, 기억은 3차원적 내러티브로 재구성된다.
그래서 종종, 기억은 착각이고 가상이다.
예를 들어, 단장 X는 업무에 대한 열정이 높아 결정을 해놓고도 밤새 다시 고민한다.
결국 결론이 바뀌고, K는 지시대로 일을 추진했지만 "내가 그런 지시 안 했어!"라는 말에 책임을 떠안는다.
K는 녹음을 하지 못한 것을 후회한다.
힘이 없는 사람의 착각은 소소한 실수로 끝나지만, 이처럼 힘 있는 리더의 착각은 큰 갈등과 문제로 이어질 수 있다. 따라서 높은 직위에 있는 사람일수록 자기 객관화가 필요하다.

뇌는 정확하지 않으며, 감정과 상황에 따라 쉽게 흔들린다.
'내가 틀렸을 수도 있다'는 전제를 가질 때 갈등이 줄어든다.

특히 리더는 자신의 판단이 언제든 착각일 수 있음을 인식하고
기록, 협의, 확인의 절차를 두는 것이 중요하다.

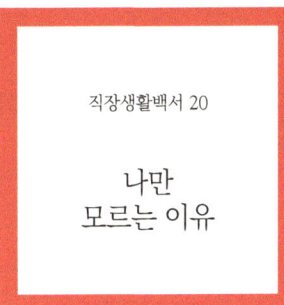

직장생활백서 20

나만 모르는 이유

| 자기 객관화는 갈등을 줄이고, 성장을 이끄는 중요한 심리적 기술이다.

회사 내에서 중대 재해가 연이어 발생했던 시기, 대부분의 부서에서는 "우리는 잘하고 있어", "우리 현장은 아니야"라고 믿었다.
하지만, 사고는 그 믿음을 비웃기라도 하듯 계속해서 발생했다.
사고가 일어나는 이유는 무지해서가 아니라, '부주의' 때문이다.
보이스피싱이나 투자 사기 피해자들도 마찬가지다.
대부분은 자신은 그런 일에 당할 리 없다고 생각한다. 왜냐하면 피해자보다 자신이 낫다고 '믿기 때문'이다.

평균 이상의 효과

이러한 착각을 설명하는 것이 바로 평균 이상의 효과(Better-than-average effect)다. 사람들은 스스로를 평균 이상의 능력을 가진 존재로 과대평가한다. 운전 실력, 외모, 직무 역량, 도덕성 등 거의 모든 영역에서 나타난다.

-미국 연구 결과 운전자의 90%가
자신의 운전 실력이 평균 이상이라고 믿음

-대학교수의 94%가 자신이 평균 교수보다 낫다고 평가

직장 내 현실

팀원 10명 중 8명이 자신이 상위 30%라고 생각한다. 공동 프로젝트에서 자신의 기여는 높게, 타인의 기여는 낮게 평가하는 식이다. 결과적으로 성과 배분을 두고 갈등이 발생한다.

X의 자기 인식 오류

직원 X는 늘 "이 정도는 좀 해야지"라며 자신감 있는 태도를 보였다. 하지만 동료의 평가는 달랐다.

정기 승진에서 본인보다 실적이 낮다고 생각한 동료들이 승진하고 자신은 탈락하자, X는 결과를 도저히 받아들이지 못하고 원인을 상사 탓, 조직 탓으로 돌린다.

점점 자기 객관화가 안 되고, 성격도 고집스럽게 변해간다.

꼰대의 귀띔

직장생활 10년쯤이면
대부분의 동료는
이미 '저 사람이 앞으로 어떻게 될지'
대략 알고 있다.

그런데 본인만 모르는 경우가 많다.
남은 나를 객관적으로 평가하지만,
나는 나를 주관적으로 본다.

평균 이상이라 믿는 마음은
자기 효능감의 표현일 수 있지만,
현실과 괴리되면 착각이 되고,
오만으로 이어질 수 있다.

직장생활백서 21

난 단지 운이 없을 뿐이야!

나의 승진은 실력, 너는 운? 그럴 리가 없잖아.

X는 본인의 승진을 "실력 덕분"이라 굳게 믿고 있다. 그러나 주변에서는 모두가 알고 있었다. X의 승진은 실력보다는 '운'과 '구도' 덕분이었다.

하지만 승진 이후, X는 달라졌다. 자신은 노력으로 승진했다고 자부하며, 다른 승진자들에 대해선 "걔는 실력으론 어려웠는데 운이 좋았네"라고 평가한다.

직원들은 어쩔 수 없이 맞장구를 치지만, 속으로는 씁쓸하기만 하다.

이기적 편향(Self-serving bias)

우리의 뇌는 자신에게 유리한 정보만 기억하고, 불리한 정보는 지워버리는 선택적 기억을 갖고 있다.

이기적 편향이란, 자신의 성공은 능력 덕분, 자신의 실패는 외부 요인(운, 상황, 타인) 때문이라고 해석하는 심리 현상이다. 이는 자존감을 보호하려는 인간의 본능적 기제에서 비롯된다.

예를 들어 내가 감찰에 걸리면 "운이 없어서", 남이 걸리면 "부주의해서" 내가 늦으면 "길이 막혀서", 남이 늦으면 "게을러서"

내가 성공하면 "실력", 남이 성공하면 "운빨"

이는, 귀인 편향(Attribution bias)의 한 종류로, 자기 중심적 해석을 통해 자기합리화를 하는 심리적 방어 장치다.

현실의 풍경

K는 X 부장의 지시에 따라 포럼 세미나에서 상급 기관 인사들과 식사 자리를 가졌다.

하지만 외부감찰에 걸리면서 조사를 받게 되었고, 그마저도 부장은 "내가 갔으면 안 걸렸을 텐데"라며 K를 질책한다. 책임은 온전히 K에게 떠넘긴다.

또 다른 사례도 있다. 건축물 외장재와 내장재 선정 과정에서 단장은 좋게 평가를 받는 외장재는 본인의 '선택', 내장재는 "K가 얘기해서 그렇게 된 거 아니냐"며 책임을 회피한다. 이 역시 결과에 따른 해석의 편향이다.

집단에서도 나타나는 이기적 편향

이기적 편향은 개인뿐 아니라 집단에도 적용된다.

프로젝트가 실패하면 "팀장과 타 부서 탓"

프로젝트가 성공하면 "우리 팀 최고!"

이는 사내 정치로 이어지기 쉽고, 자신의 실력이나 준비 부족을 되돌아보지 못하게 한다.

사람은 누구나 마음이 편한 쪽으로 해석하고 싶어한다.

그게 사람 마음의 이기적인 본능이다.

하지만 실패를 타인 탓만 하다 보면 자기 성장은 멈추고, 신뢰도 잃게 된다.

때때로 실패를
자신의 자질 부족 때문이라고
인정할 줄 아는 사람은
주변으로부터 더 인정받는다.
자기 객관화는 때로
자존심보다 더 강한 무기다.

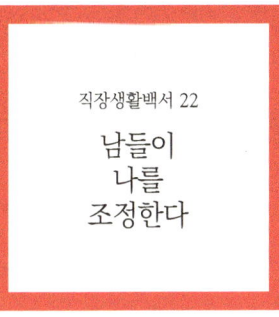

직장생활백서 22

남들이
나를
조정한다

가스라이팅에도 과학적 근거가 있다

K는 어느 날 옆 부서 부장에게 놀라운 이야기를 들었다.

담당 임원이 K에 대해 "기획력과 집중력이 무지 뛰어나다"고 평가했다는 것이다.

카리스마 넘치고 냉철하다는 평가를 받는 그 임원이 자신을 좋게 봤다는 사실에, K는 갑자기 자신감이 붙었다.

이후 K는 더 자주 임원에게 보고하게 되었고, 자연스레 업무 몰입도도 높아졌다.

미러링 효과 (Mirroring Effect)

흔히 "남을 의식하지 마라"라고 말하지만, 인간은 본질적으로 타인의 시선을 통해 자아를 형성한다. 즉, '남이 나를 어떻게 생각하는가'에 대한 내 추정이 곧 내 행동에 영향을 준다.

"타인이 나를 성실하다고 본다" → 나는 더 성실하려 노력한다.
"타인이 나를 위선자라 생각한다" → 분노와 방어심리가 작동한다.

1902년, 사회학자 찰스 호튼 쿨리는 『인간의 본성과 사회질서』에서 "모든 사람은 다른 사람의 거울이며, 타인의 모습을 반영한다."라고 말했다. 이것이 바로 미러링 효과다.

우리는 타인의 시선에 비친 나를 보고, 그에 따라 나를 정의하고 행동을 결정한다.

일상 속 미러링 효과

기차 안. 아이를 안은 여성이 좌석을 찾는데, 한 젊은이가 두 자리를 차지하고 잠을 자고 있었다. 아이는 그 젊은이를 가리키며 울고불고 했지만, 그는 반응하지 않았다.

그때 아이 엄마가 조용히 말한다.

"이 아저씨가 너무 피곤한가 봐. 좀 자게 그냥 두자. 아저씨가 자고 일어나면 꼭 자리를 비켜줄 거야."

그 말을 들은 젊은이는 곧 잠에서 깬 듯 자리에서 일어나 두 자리를 내어준다.

"무례한 사람"이라는 부정적 피드백이 아니라
"배려 있는 사람"이라는 긍정적 기대가
그의 자아 인식을 바꾸고 행동을 변화시킨 것이다.

조직에서도 나타나는 미러링

건설현장에서 사고가 났다. K는 책임을 지고 보직을 내려놓았지만, 사내 여론은 X를 지목했다. X는 당황했고, 직원들의 평가가 부정적으로 바뀌자 오히려 더 회피하는 태도를 보이기 시작했다. X의 자아 인식이 '책임 있는 관리자'에서 '비난받는 관리자'로 바뀌면서, 그에 따라 행동도 달라진 것이다.

사회적 피드백이 자아를 결정한다. 나의 자아관은 타인의 시선을 통해 형성된다. 타인이 나를 어떻게 보고 있다고 내가 믿는가가 나의 행동을 결정한다.

진정한 자아란 '내가 나를 아는 것'이 아니라, '타인을 통해 나를 인식하는 것'이다.

> 좋은 조직 문화를 만들고 싶다면
> 구성원들 간의 긍정적 피드백과 기대의 시선이 필요하다.
> 그것이 나의 자아, 동료의 자아,
> 그리고 팀의 분위기를 바꾼다.

제 2장

직장인 심리의 기술

> 부장의 한마디가 루저를 위너로 만들 수도,
> 위너를 루저로 만들 수도 있다.
> 말 한마디가 직원의 성과와 자존감을 바꾸고,
> 그 태도가 다시 업무 성과에 반영된다.
> 결국 그 말은 "예언"이 된다.

> 직장생활백서 23
>
> 돼지도
> 얼굴 보고
> 먹는다?

'보기 좋은 떡이 먹기도 좋게 느껴지는 이유'

본부장은 K에게 늘 보고서의 중요성을 강조했다.

"나는 돼지도 얼굴 보고 먹는다. 보고서는 그 사람의 얼굴이자 실력이다." 이 말은 단순한 비유처럼 들릴 수 있지만, K에게는 인상적인 교훈이었다. 이후 K는 보고서의 내용을 넘어, 형식과 시각적 완성도까지 고민하게 되었고, 보고서를 잘 쓰는 직원으로 인정받기 시작했다.

심미적 사용성 효과 (Aesthetic-Usability Effect)

'보기 좋은 디자인은 곧 좋은 기능처럼 느껴진다' 이것이 바로 심미적 사용성 효과다.

즉, 사용자가 어떤 제품이나 서비스를 처음 접할 때, 디자인이 뛰어나면 실제 기능과 무관하게 사용하기 편하다는 인상을 받게 되는 심리 현상이다.

핸드폰, 태블릿, 앱 등을 선택할 때 성능보다 디자인에 먼저 끌리는 것, 내용이 같은 PPT라도, 깔끔한 구성과 디자인으로 발표한 사람이 더 전문적으로 보이는 것 등이 여기에 속한다.

직장에서의 보고서 역시 이 심리효과에서 예외는 아니다.

보고서의 심미성과 설득력

균형 잡힌 문서 디자인은 보고서의 설득력을 높인다. 상하좌우 여백, 글자 간격, 단락 구분, 표와 도표의 비율, 색감 조화 등은 읽는 이의 신뢰감과 집중력을 높인다.

디자인이 예쁜 보고서
→ 작은 오류가 있어도 용인된다.

형식이 엉성한 보고서
→ 아무리 좋은 내용도 평가절하될 수 있다.

실제로 있을 법한 사례들

①초보 대리의 실수

보고서를 2장으로 제출했지만, 마지막 페이지는 3/4이 비어 있었다.

줄 간격은 들쑥날쑥. 이 보고서를 받은 차장은 내용보다 먼저 형식에 실망했다.

결국 초 대리는 줄 간격을 무리하게 조정해 억지로 1장으로 만들었지만, 신뢰는 이미 손상되었다.

②P 대리의 깨달음

보고서의 상단 여백이 지나치게 좁아 문서철 펀칭 구멍이 제목을 침범했다. 차장은 잔소리 대신 조용히 펀칭 자국을 보여주며 스스로 느끼게 했다.

그는 이후 보고서 형식에 눈을 뜨고, 훗날 보고서의 고수가 되었다.

"보기 좋은 떡이 먹기도 좋다."
선조들의 말에는 이미 심리학적 통찰이 담겨 있다.
보고서든, 기획안이든, 디자인이든 첫인상은
평가의 80%를 결정한다.

첫째, 내용만큼 중요한 형식,

둘째, 전문성과 성실함을 드러내는 디자인 감각.

작은 디테일이 당신의 실력을 말해준다.

직장생활백서 24

루저를 위너로 만드는 방법

자기충족적 예언은 현실이 된다

"아니 벌써 그걸 다 했어? 역시 자네는 대단해."
"어떻게 한 거지? 그 사람 설득이 쉽지 않았을 텐데…."
부장의 따뜻한 격려 한마디.
K는 하루하루가 즐겁고, 자신감이 붙는다.
프로젝트에 더 깊이 몰입하고, 성과는 자연스럽게 따라온다. 이걸 칭찬의 힘이라고 해야 할까?

피그말리온 효과 (Pygmalion Effect)
이를 피그말리온 효과라고 한다. 그리스 조각가 피그말리온이 조각상에 사랑을 쏟자, 여신이 생명을 불어넣게 되었다는 일화로 진심으로 기대하면 현실이 된다는 상징적 이야기이다.

긍정적인 기대는 실제 행동과 결과를 긍정적으로 변화시킨다. 이를 '자기충족적 예언(self-fulfilling prophecy)'이라고도 한다. 자기 충족적 예언은 고대에서부터 검증된 방식이다. 예를 들면 다음과 같다.

로젠탈과 제이콥슨의 실험 (1968)

무작위로 뽑은 학생들에게 "이 아이들이 똑똑하다"고 교사에게 알렸다. 8개월 후, 성적과 태도가 실제로 향상되었다. 교사의 기대가 학생의 성취를 끌어올린 것이다.

직장에서도 상사의 기대와 격려는 직원의 자존감과 역량을 끌어올리는 중요한 자극이 된다.

스티그마 효과(낙인 효과)

"한번 낙인찍힌 직원은 결국 그렇게 행동하게 된다."

능력 있는 B대리, 밤새 기획안을 만들어 제출했지만 부장은 "이건 왜 이렇게 했나?", "기초가 안 됐잖아"라며 의심의 눈초리. 그 후 업무는 더 많이 통제받고, 피로도는 늘어난다.

결국 B대리는 스스로 결정을 피하고, 지시만 따르는 수동적인 직원이 된다.

부장은 이렇게 말한다.

"봐, 내 판단이 맞았잖아."

이처럼 부정적 기대는 부정적 결과를 만들어내고, 이는 상사의 확신을 강화시키며 악순환의 고리를 만든다.

일상 속의 피그말리온 효과

카페에서 바리스타가 "오늘 커피 특별히 잘 내려졌어요!"라고 말하면, 똑같은 커피도 더 맛있게 느껴진다. 이는 피그말리온와 플라시보 효과가 합쳐진 것이다.

"부장의 한마디가 루저를 위너로 만들 수도,
위너를 루저로 만들 수도 있다."
말 한마디가 직원의 성과와 자존감을 바꾸고,
그 태도가 다시 업무 성과에 반영된다.
결국 그 말은 "예언"이 된다.

직장생활백서 25

왜 무능한 사람들끼리 더 똘똘 뭉칠까

> "모든 사람은 자신의 무능이 드러나는 지점까지 승진한다."
> 그리고 거기서 멈춘다.

"아니, 저 사람이 어떻게 저 자리까지 간 거지?"

직장생활을 하다 보면 한 번쯤은 이런 의심이 들 때가 있다. 늘 우왕좌왕하는 사람인데, 어느새 팀장이 되어 있고, 말귀를 제대로 이해 못하던 사람이 부장이 되어 회의실에서 큰소리친다. 기이하지만 자주 있는 일이다.

그럴 수밖에 없는 이유가 있다.

모든 사람은 승진하고 싶어 한다. 올라갈 수 있는 한, 조금이라도 더 높은 자리로. 그리고 조직은, 대부분 그 사람의 '과거 실적'을 근거로 다음 직책을 맡긴다.

하지만 문제는 여기서 시작된다.

피터의 법칙

 기술자로서 능력이 뛰어났던 사람이 관리자 역할까지 잘하란 법은 없다.

 영업에서 전설이었던 사람이 전략 수립에까지 능할 이유도 없다.

 그럼에도 우리는 'A를 잘했으니, B도 잘할 것'이라는 착각 속에서 사람을 더 높은 자리에 올려놓는다. 그리고 언젠가, 그 사람은 자신의 능력이 닿지 않는 자리에 이르게 된다. 이쯤에서 피터의 법칙이 작동한다.

 "모든 사람은 자신의 무능이 드러나는 지점까지 승진한다."

 그리고 거기서 멈춘다.

 결국 조직은 상층부일수록 '책임은 크고 역량은 부족한' 사람들로 채워지게 된다. 한때 빛났던 사람이 자신에게 맞지 않는 옷을 입은 채 서서히 무너지는 것이다. 그들은 업무에 몰두하는 대신, 권위를 세우거나, 실무자의 성과에 숟가락을 얹거나, 의미 없는 회의만 반복하는 방식으로 자신의 위치를 정당화하려 든다.

 더 문제는, 이 무능의 사슬이 아래로도 전염된다는 것이다.

 능력 있는 실무자가 이를 버티다 못해 조직을 떠나고, 남은 이들은 "어차피 위에서 바뀔 일은 없다"는 체념 속에서 적당히 머무른다. 조직은 그렇게 망가진다.

어느 댐 관리 지사장의 사례를 보자.

행정직이 오면 고객 민원에만 집중하고, 토목직이 오면 수위만 살피며, 기계/전기직은 수차점검과 발전 매출만 따지고, 조경직은 공원나무만 바라본다.

모두가 각자의 전문성만 품은 채, 조직 전체를 보는 안목은 부재한 자리.

과연 이 조직은 앞으로 나아갈 수 있을까?

"자리가 사람을 만든다"고 말하지만, 그 자리가 사람을 무너뜨릴 수도 있다는 사실을 잊지 말아야 한다.

중요한 건, 사람을 어디에 놓을 것인가다.

그가 가장 잘할 수 있는 자리에 둘 때,

조직도 사람도 함께 성장할 수 있다.

직장생활백서 26

20%가 80%를 결정하는 이유

대한민국 모든 직장에는 '파레토의 법칙'이 작동하고 있다

 오늘도 K는 본부장 대기줄에 서 있다. 보고 한번 하려면 몇 번을 허락받고, 또 몇 명을 기다려야 한다. 시간은 흘러가고, 머릿속엔 해야 할 일이 줄줄이 밀려 있다. 뒤에서 기다리던 다른 팀장도 낮게 중얼거린다.
"이러다 진짜 일은 언제 하지…"
 사실 K만 이런 생각을 하는 건 아니다. 대부분의 직장인이 하루 중 '진짜 일하는 시간'이 얼마나 될까, 회의, 대기, 보고, 통화, 눈치… 그 모든 사이에서 가장 중요한 일은 언제 하냐는 의문은 늘 따라다닌다.
 그런데 이 고민, 인간만의 문제가 아니었다.
 일본의 생물학자 사카이 교수는 개미들의 집단을 연구하다 흥미로운 사실을 발견했다. 모든 개미가 열심히 일할 것 같지만, 실제로는 오직 20%의 개미만이 꾸준히 일하고 있었다. 나머지 80%는 눈에 띄게 빈둥거렸다. 교수는 열심히 일하는 개미들만 골라 새로운 집단을 만들었다. 그런데 다시 그 안에서 20%만 일하고, 나머지는 또 놀고 있는 게 아닌가.

일은 언제나, 누구에게나, 일부에게만 맡겨진다.

이처럼 전체 결과의 80%가 20%의 원인에서 비롯된다는 것. 이게 바로 우리가 아는 파레토 법칙이다. 이탈리아의 경제학자 파레토는 부의 분포에서 이 법칙을 발견했지만, 오늘날에는 수많은 분야에 적용된다.

고객의 20%가 전체 매출의 80%를 만든다.
업무 시간의 20%에서 진짜 성과의 80%가 나온다.
운전자의 20%가 전체 교통사고의 80%를 일으킨다.
통화 목록 중 20%의 사람과의 통화가 전체 통화 시간의 80%를 차지한다.
조직의 문제 80%는 단 20%의 원인에서 발생한다.

직장도 마찬가지다.

K가 회의에 나가고, 보고 줄에 서고, 이런저런 업무 요청을 다 받아내다 보면, 정작 '가장 중요한 일'은 늘 나중으로 밀린다. 중요한 핵심 20%를 놓치고, 주변의 시끄러운 80%에 휘둘리는 것이다. 결국 효율

도, 집중도도 사라진다.

 입사 초에는 별 차이가 없었다.
 그런데 누군가는 20%의 핵심 시간에 집중했고, 누군가는 80%의 주변 일에 바빴다. 그렇게 시간이 지나자, 한 명은 임원실 문 앞에서 대기표를 뽑고 있고, 다른 한 명은 그 문 안에서 의사결정을 하고 있다.

> 결국, 인생은 계산이 아니라 선택이다.
> 열심히 하는 것도 중요하지만,
> '무엇을' 열심히 할 것인가가 더 중요하다.
> 누구나 하루 24시간을 갖지만,
> 그 중 당신의 20%는 어디에 쓰이고 있는가?
> 그 질문에 진심으로 답할 수 있다면,
> 당신은 이미 평균을 넘어선 사람이다.

직장생활백서 27

불만 가득한 자의 '정해진 미래'

나의 말은 나의 예언이 된다

"가능하겠는데?", "한번 해보지 뭐."

K는 늘 이렇게 말한다. 긍정이 묻어나는 말투. 그 말이 입 밖에 나오는 순간, 주변 분위기는 눈에 띄게 변한다. 모두가 불가능하다고 고개를 저어도 그는 말한다. "그럼 법도 바꿔보자고." 거창한 포부라기보다는, 진심이었다. 말이 씨가 되어 하나씩 현실이 되었다.

'말이 씨가 된다'는 속담, 괜한 미신이 아니다. 예일대 존 바그 교수는 실험을 통해 "무의식에 심어진 단어 하나가 행동을 바꾼다"고 증명했다. '노인'이나 '무례함'을 연상시키는 단어만으로도 사람들은 느려지고 불친절해졌다. 반대로 '예의'나 '친절'을 떠올리게 하면 놀랍도록 긍정적인 행동을 했다. 이런 걸 '점화 효과'라고 한다. 뇌가 외부 자극을 무의식적으로 받아들이고, 어느새 행동을 바꾸는 심리적 반응이다.

내 안에 뿌리내리는 언어

회사의 유명 인사 X. 그는 자칭 능력자였다. 하지만 매일 입에 달고 사는 말은 욕설과 비난, 푸념이었다. 부서 분위기는 무겁고, 그의 곁엔 사람이 사라졌다. 누구도 그와 일하고 싶어 하지 않았다. 그는 결국 보직도 잃고, 건강도 잃고, 인정받던 자리에서 내려왔다. 주변 사람들이 말한다. "그 사람? 스스로 무너졌지."

점화 효과는 말이 아니라 삶이다. 반복된 언어는 내 안에 뿌리를 내린다. 그리고 마침내 내가 어떤 사람인지, 어떻게 살 것인지를 결정한다.

밝은 말을 쓰는 사람은 밝은 사람으로 변하고, 어두운 말을 쓰는 사람은 그 말에 갇힌다. 우리가 내뱉는 말은 바람처럼 흩어지는 게 아니라, 무의식이라는 땅에 심어진다. 그리고 언젠가, 그 땅을 비옥하게도 만들고 황폐하게도 만들기도 한다.

결국, 말은 예언이다.
내가 어떤 미래를 살게 될지를,
내가 오늘 어떤 말을 입에 담느냐가 결정한다.

> 직장생활백서 28
>
> # 이상하게
> # 빚진
> # 느낌이네

K는 함께 근무했던 직원으로부터 오랜만에 안부 카톡을 받았다. 기프티콘과 함께 도착한 메시지에는 이렇게 적혀 있었다.

'갑자기 생각나서 안부 인사드립니다. 함께 근무했던 그때가 많이 배울 수 있었고 기억에 많이 남습니다. 정말 좋았습니다.'

그는 승진 대상자도 아니었기에 K는 그 말이 진심임을 느꼈다. 오히려 K가 더 고마워서 전화도 해주고, 며칠 뒤에는 자신도 기프티콘을 보내주었다.

이것이 바로 상호성의 법칙이다.

호의는 호의를 부른다

A가 B에게 호의를 베풀면, B 역시도 A에게 호의를 베풀게 되는 심리 작용. 우리는 누군가에게 받으면, 알게 모르게 '빚졌다'는 마음을 갖게 된다. 그것은 심리적 의무감을 넘어 관계를 엮어내는 고리처럼 작동한다.

재밌는 실험 하나가 있다. 대학생들에게 '공짜 콜라'를 준 후, 자선 기금 행운권 구입을 권유했다. 놀랍게도 공짜 콜라를 받은 학생들이 그렇지 않은 학생보다 2배 이상 더 많은 행운권을 구입했다. 작은 호의 하나가 '빚진 느낌'을 만들어낸 것이다.

이런 일화도 있다. 소년이 어른에게 자선 음악회 티켓을 사달라고 요청했다가 거절당하자, 재빨리 1달러짜리 초콜릿 사탕을 사달라고 했다. 큰 부탁을 거절했기에, 어른은 작은 부탁만큼은 들어줘야 할 것 같은 의무감에 사탕을 사게 된다.

사탕이 먹고 싶어서가 아니라, '받은 만큼은 돌려줘야 한다'는 상호성의 법칙이 작동한 것이다.

이 원리는 비즈니스에서 특히 강력하게 작용한다.

식품점 시식코너, 경조사비, 명절 선물….

받은 만큼은 돌려줘야 한다는 '보이지 않는 장부'가 머릿속에서 작동한다.

심지어, 상사가 친절했던 기억만으로도 직원은 결심했던 퇴직을 망설인다. 그 상사에게 '배신감'을 주기 싫어서.

호의를 받았다면, 감사를 표현하는 것도 중요하다.

감정의 고리는 늘 연결되어 있고, 빚의 감정이 오래되면 미묘한 원망으로 바뀔 수도 있기 때문이다.

남보다 승진을 빨리 하고 싶다면

정보기관으로부터 북한 금강산댐 정상에 싱크홀이 생기고 있다는 위성자료가 도착했다. 댐 붕괴 시, 남한은 상상할 수 없는 피해를 입게 될 것이었다.

긴급하게 정부는 '평화의 댐' 2단계 증축을 결정하고 회사는 전국 각 부서에서 무작위로 인원을 차출했다. 하지만, K의 부서에서는 누구도 자진해서 나서지 않았다.

'승진 대상이라서', '부모님을 모셔야 해서', '몸이 아파서'….

그 순간, K가 손을 들었다. 조용하고 담담하게.

사람들은 그 선택 앞에서 환영보다 먼저 고마움을 느꼈다.

'자진했다'는 그 한 마디가, 마음속 깊은 빚으로 남았다.

그리고 몇 년 후, 승진 대상자 명단에 K의 이름이 오르자, 누구도 이견을 제시하지 않았다.

모두가, 그의 이름에 손을 들어주었다.

기꺼이, 기분 좋게

한 선배가 있었다.

업무에 있어서는 타의 추종을 불허하는 완벽주의자, 까다롭기로 이름 높았던 인물이었다. 퇴직 후 작은 중소기업에 다니던 그는, 어느 날 선거캠프의 정책자문 요청을 받고 K에게 연락을 했다. 처음엔 정중히 거절했지만, 그의 간절함이 묻어나는 말에 결국 K는 보고서를 작성해 보냈다.

며칠 뒤, 선배에게서 연락이 왔다.

"지금까지 이런 완벽한 보고서는 처음이다. 정말 고맙다."

그 말 한마디가 K를 울컥하게 했다.

그토록 까다로운 사람에게 진심으로 인정받은 것이다. 그 순간, 오히려 K가 '빚졌다'고 느꼈다. 포인트는 이것이다. 기꺼이, 기분 좋게.

'가는 정이 있으면 오는 정이 있다'는 말은 상호성의 법칙이 오랜 옛날부터 우리 마음에 뿌리내려 있었다는 뜻이다. 특히 '정'이라는 이름의 감정이 더 짙게 작용하는 우리 사회에서는, 이 심리적 고리는 때로 사람의 운명을 바꾸기도 한다.

그러니 기회가 있을 때, 먼저 베풀어보자.

먼저 손을 내밀고, 먼저 칭찬해주고, 먼저 감사해보자. 어느 날, 생각지도 못한 순간에 그 '먼저'가 당신의 이름을 불러줄 것이다. 그것이 관계의 시작이고, 미래를 여는 인연이 된다.

꼰대의 귀띔

받은 만큼 돌려주려는 마음은 사람을 더 따뜻하게 만든다.
하지만, 흔한 '식사 한 끼'는 기억에 오래 남지 않는다.
진짜 마음이 느껴지는 순간은 따로 있다.
정보를 챙겨주는 세심함, 나를 인정해주는 진심 어린 한마디.
돈이 없어도, 말과 행동만으로도 사람에게 '빚진 느낌'을 줄 수 있다.
이것이 진짜 상호성의 기술이다.

직장생활백서 29

잘난 사람일수록 명함 앞에 약한 이유

> 우리는 불확실한 상황에서 누군가의 권위를 신호로 판단을 내리는 경향이 있다

회사에서 고위직에 박사, 기술사 타이틀 하나가 붙는 순간, 그 사람은 단숨에 '전문가'가 된다. 누군가는 그것을 '후광효과'라 부른다. 그 사람이 가진 한 가지 뚜렷한 장점이, 그의 모든 것을 좋게 보이게 만든다는 심리 현상이다. 그래서 이러한 명함을 건네는 순간, 아무 말 안 해도 "어, 기술사시네요"라며 상대는 이미 무게 중심을 기울인다. 그가 무슨 말을 해도 신뢰하고, 설령 받아들이기 어려운 말일지라도 거절은 쉽지 않다.

의사가 그러라고 했잖아

병원에서 실제 있었던 일. 의사의 처방 'Place in right ear(오른쪽 귀에 투약)'을 간호사가 'Place in rear(항문에 투약)'로 오해하고, 아무런 의심 없이 그대로 실행한 일이 있었다. 간호사는 상식적으로 말

이 안 되는 처방이란 걸 알았지만, '의사가 그랬으니까'라는 권위에 눌려 묻지도 따지지도 못한 것이다.

이처럼 불확실한 상황일수록 사람은 본능적으로 권위자를 따른다. 이것이 바로 심리학에서 말하는 '권위의 법칙'이다. 전문가, 고위직, 명품 옷, 고급 승용차 같은 권위의 상징물에 사람들은 쉽게 설득되고, 때로는 맹목적으로 복종하게 된다.

2차 대전 당시 독일 시민들이 유대인 학살에 가담했던 이유, 베트남 전쟁에서 미군이 민간인을 학살한 사건들조차도, 개인의 성향 때문이 아니라 '권위자의 명령이었기 때문'이라는 분석은 이 법칙의 무서움을 보여준다. 심지어 연구 결과에 따르면, 경차가 정지해 있으면 빵빵 울리던 사람들도, 고급차가 정지해 있으면 조용히 기다린다.

권위를 만들기 위한 장치

회사도 마찬가지다. 말끔한 양복을 입힌 단체 사복, '대리-과장-차장'처럼 촘촘히 나눈 직급 체계, 운전기사가 딸린 승용차 등은 모두 권위를 만들어내기 위한 장치다. 왜냐면 권위는 '설득의 지름길'이기 때문이다. 당신이 기술사, 박사, 겸임교수 같은 타이틀을 가지고 있다면 망설이지 말고 명함에 기재하라. 당신의 말에 힘이 실리고, 당신의 존재가 더 단단해진다.

하지만 이 권위는 양날의 칼이다. 똑같은 말이라도 '위 사람'이 하면 진리처럼 받아들이는 문화 속에서, 위험한 결정조차 반박 없이 통과되는 경우도 많다. 특히 건설현장처럼 생명이 걸린 업무에선 더욱 치명적이다. 그래서 '근로자 작업중지 요청제도'처럼, 위험할 땐 누구든 멈추게 할 수 있는 제도가 필요한 것이다. 그러나 제도가 아무리 있어도, 권위 앞에 작아지는 문화가 지속되면 무용지물이다.

꼰대의 귀띔

조직은 권위를 만들 줄도 알아야 하지만,
권위에 휘둘리지 않는 분위기도 함께 만들어야 한다.
누구든 말할 수 있어야 하고,
말해도 되는 분위기를 만들어야 한다.
"사장님, 이건 혹시 착오가 있으신 건 아닌가요?"

이 말을 꺼낼 수 없다면,
그 조직은 결국 사고를 향해 걷고 있는지도 모른다.

> 직장생활백서 30
> # 똑똑한 사람이
> # 헛소리를
> # 잘 믿는다?

사실 우리는 언제나 자기 믿음에 맞는 정보만 찾아다닌다.

코로나 팬데믹 시절, 음모론과 가짜 뉴스가 범람하던 때였다.

지사장은 진지한 표정으로 K에게 당부했다.

"백신 맞으면 혈전 생겨. 이건 정부의 정치적 음모야."

순간, K는 '이분이 왜 이러지?' 싶었지만, 차마 반박은 하지 못했다.

'왜 똑똑한 사람들이 헛소리를 믿게 될까?'

같은 제목의 책에서 철학자 프랜시스 베이컨은 이렇게 말했다.

"사람들이 미신을 믿는 근본적인 이유는, 그것이 들어맞을 때는 기억하고, 들어맞지 않을 때는 흘려버리기 때문이다."

사실 우리는 언제나 자기 믿음에 맞는 정보만 찾아다닌다.

자기 생각과 같은 정보는 확대하고, 그 반대되는 정보는 건성으로 듣거나 외면한다. 이러한 심리적 경향을 '확증편향(confirmation bias)'이라고 한다. 즉, 확증편향은 '보고 싶은 것만 보고, 믿고 싶은 것만 믿는' 인간의 본능이다.

확증편향은 지능과 무관하다

확증편향은 단순한 정보 해석을 넘어, 중요한 판단을 흐리게 만들기도 한다.

예를 들어, 직장에서 어떤 프로젝트를 처음부터 '망할 거야'라고 믿는 X가 있다.

그는 실제로도 실패 가능성이 있는 사례만 모아 차장에게 보고한다.

차장이 "성공 사례도 있어"라고 말해도, X는 "그건 특수한 경우일 뿐"이라며 외면한다.

X는 이미 '실패'라는 결론을 정해두고, 그 결론을 증명하기 위한 퍼즐 조각만 찾아 헤매는 것이다.

확증편향은 지능과 무관하다. 오히려 똑똑한 사람이 자기 생각에 빠져 헤어 나오지 못하는 경우도 많다.

뇌는 자신이 믿는 것과 반대되는 증거를 보면 불편하고 고통스럽기 때문에 그것을 거부하려 한다.

이 심리적 불편함을 '인지 부조화'라 한다.

이솝우화 속 배고픈 여우가 높은 곳의 포도를 따지 못하고 말한다.

"저 포도는 아직 덜 익었군."

사실은 자신이 따지 못한 무능력 때문이지만, 그 사실을 인정하지 않기 위해 현실을 왜곡해버리는 것이다.

이 역시 인지 부조화에서 비롯된 확증편향의 대표 사례다.

의료계에서도, 법조계에서도, 학계에서도 확증편향은 예외가 아니다.

처음 세운 가설이나 진단, 추정이 있으면 사람들은 이후 그것을 뒷받침하는 증거만을 수집하려 한다.

반대되는 증거는 불편하므로, 아예 보지 않으려 한다. 그러니 직장에서 이런 말이 오갈 때 조심해야 한다.

"그 사람한테 한번 찍히면 끝이야."
"우리 회사에서 그쪽 분야는 다 카르텔이야."
"승진은 실력보다 줄서기가 중요해."

이 모든 말들이 하나의 확증편향이 만든 확신의 말일 수 있다.

승자의 저주

과거, 회사의 신임 사장이 '○○사업'을 전략 과제로 삼았다.

전사적으로 키워야 한다는 신념이 조직을 움직였고, 본부에서는 긍정적인 정보만을 수집하여 투자 결정을 밀어붙였다.

심지어 감사 부서가 위험 요소를 지적했지만, 조직은 이를 무시하고 결국 '승자의 저주사업'으로 끝나고 말았다.

신념이 확고할수록, 실패를 막을 기회도 외면하게 되는 것이다. 확증편향의 무서움은 이렇듯 스스로 깨닫기 어렵다는 데 있다. 조직 내

리더가 이 함정에 빠지면, 전체 방향이 잘못되어도 누구 하나 이의를 제기하지 못한다. 결국 고장난 나침반 하나로, 전원이 엉뚱한 방향으로 걷는 꼴이다.

어떻게 하면 확증편향의
함정을 피할 수 있을까?
늘 이렇게 자신에게 말해야 한다.

"내가 틀릴 수도 있어."
"내가 옳은 이유만큼, 반대되는 이유도 존재할 수 있다."

그 중립적인 시각이 있어야,
확신은 믿음이 되고
건강한 조직을 이끄는 힘이 된다.

직장생활백서 31

호감형 인간은 반박의 달인?

처음엔 반대했지만 결국 자신의 논리에 설득된 사람에게 더 큰 호감을 느낀다

회사엔 상사의 의견에 절대 반박하지 않는 'Yes맨'이 넘친다.

"예, 알겠습니다" "말씀대로 하겠습니다"

특히 A과장은 상사에게 '절대복종'으로 통한다. 주변에서는 "딸랑이"라는 말까지 돌 정도다. 하지만 정작 부장의 속마음은 조금 다르다.

그는 A과장보다는, 때로는 자신의 의견에 조심스럽게 반박하면서도 결국 따르는 '눈치백단 B과장'에게 더 호감을 느낀다. 왜일까?

영향력을 드러내고 싶은 심리

'개변 효과(conversion effect)'는 사람들은 줄곧 자신에게 동의하는 사람보다, 처음엔 반대했지만 결국 자신의 논리에 설득된 사람에게 더 큰 호감을 느낀다는 이론이다.

미국 심리학자 헤럴드 시걸의 실험은 이 개념을 명확히 보여준다.

A그룹: 상대가 처음부터 끝까지 공감하며 고개만 끄덕임
B그룹: 처음부터 끝까지 반박
C그룹: 초반엔 반박하다가 점차 설득당함

결과는?
가장 부정적인 평가는 B그룹,
가장 높은 호감은 C그룹에게 쏠렸다.

즉, 사람들은 자기 말에 "처음엔 고개를 젓다가, 결국 고개를 끄덕인 사람"을 더 좋아한다.
왜냐하면 그 순간 "나는 영향력이 있는 사람"이라는 자긍심을 얻기 때문이다.

눈치 있는 No가 만드는 호감
K는 택지조성사업의 분양 전략을 두고 E차장과 의견 충돌을 겪는다.
K는 고가의 아파트 용지를 먼저 분양해야 한다는 입장
E는 상가부지를 먼서 분양해 전체 가치를 끌어올리는 전략을 주장
며칠 후, E차장은 K의 주장이 회사 자금 흐름에 더 유리하다는 점을 납득하고 입장을 바꾼다.

K는 자신의 주장이 설득력을 가졌다는 만족감에 E차장을 더 신뢰하고 챙긴다.

반박하던 E차장은 오히려 더 신뢰를 얻은 셈이다.

결론은? 무조건 Yes보다 '전략적 No'가 낫다.

처음엔 살짝 반박하고, 상대의 의견에 "아, 그 말도 일리가 있네요"라고 수긍해보자.

상대는 당신에게 호감과 신뢰를 동시에 느끼게 된다.

호감은 단순한 동조가 아니라, 적절한 반박과 유연한 수긍에서 만들어진다.

사람은 자신이 '누군가를 설득했다'는 경험에서 강한 만족감을 느낀다.

그 만족감이 '호감'이라는 이름으로 상대에게 돌아간다.

당신이 진짜 똑똑하다면, 무조건 끄덕이지 말고,

살짝 흔들리는 척, 설득당해주는 연기를 해보라.

그게 조직에서 살아남는 요령이 될 수 있다.

직장생활백서 32

작심3일의 숨겨진 비밀

완벽하게 준비한 '내일'은 오지 않는다. 일단 한 발 떼면, 뇌는 나머지를 따라간다.

어제 회식으로 머리가 지끈거리던 K는 새벽에 눈을 떴다. "오늘 하루만 쉴까?" 이불 속에서 수없이 고민하다가 결국 이불을 박차고 일어났다. 아침 공기를 가르며 자전거 페달을 밟는다. 그렇게 1년. 오늘도 K는 뿌듯하게 하루를 시작한다.

"아침에 힘들어도 일어난 건 참 잘한 일이야."

아인슈타인은 말했다.

"어제와 같은 오늘을 살며 다른 내일을 기대하는 건 정신병의 초기 증세다."

좀 센 말이지만, 그 말엔 핵심이 있다. 더 나은 내일을 원한다면, 지금 이 순간 무언가를 시작해야 한다.

하지만 완벽하게 준비한 '내일'은 오지 않는다. 준비만 하다가 에너지를 다 쓰는 사람에게 필요한 건 '작심 3분'이다. 일단 한 발 떼면, 뇌는 나머지를 따라간다.

뇌는 생각을 멈추지 않는다.

1920년대 러시아 심리학자 블루마 자이가르닉은 흥미로운 실험을 했다.

피실험자에게 몇 가지 과제를 주고 일부는 완료하게 하고, 일부는 도중에 멈추게 했다. 나중에 기억을 확인해보니, 완료한 과제보다 미완성된 과제를 더 잘 기억하고 있는 것이었다. 그는 이 현상을 '자이가르닉 효과(Zeigarnik Effect)'라고 명명했다.

즉, 미완성된 일은 뇌가 계속 생각하며, 끝낼 때까지 집중하게 된다.

일상 속 자이가르닉 효과

드라마 도중 짜증나는 광고를 견디게 하는 힘이나 운동하겠다고 운동화부터 신는 습관, 영어를 잘하고 싶을 때 학원 등록부터 하는 이유, "일단 첫 줄 써놓고 보면 책이 써진다"는 작가들의 습관.

이 모두가 자이가르닉 효과 덕분이다. '시작이 반이다'는 말, 과학적 근거가 있는 셈이다.

운동하고 싶다면? 운동복을 입어라.
글을 쓰고 싶다면? 첫 문장만 써라.
공부하고 싶다면? 책상에 앉아라.
언어 배우고 싶다면? 수업 신청부터 해라.

첫 행동만 해도 뇌는 '이건 시작한 일'로 받아들인다.
그리고 그 일이 끝날 때까지 우리를 괴롭히고, 결국 행동으로 이끈다.

> 미래의 나는 지금의 작은 시작을
> 기다리고 있다.
> 준비가 끝나야 시작하는 게 아니라,
> 시작해야 준비가 완성된다.
> 작심 3분이면 충분하다.
> 나머지는 뇌가 알아서 따라온다.

> 직장생활백서 33
> 너는
> 지금 명사를
> 탐닉하고 있어!

신문의 제목과 유투브의 썸네일도 모두 전략적 심리 장사이다

K는 보고서 제목 하나를 잡기 위해 몇 시간을 고민한다. 평소 '○○ 추진 계획' 같은 밋밋한 제목을 쓰곤 했지만, 이번엔 달랐다. 회사 임원들에게 주목받기 위해선 더 강한 첫인상이 필요했다. 그는 결국 제목을 이렇게 바꿨다.

'축구장 20개 규모, 도시 한가운데 지붕 없는 미술관'

보고서는 예상 외로 빠르게 결재되었고, 이후 임원 회의에서도 "이거, 제목이 다 했다"는 말이 나왔다.
사람은 긴 문장보다 단어 하나에 더 강한 인상을 받는다.
"철수가 살인을 했다"와 "철수는 살인자다"는 문장이 주는 느낌은 확연히 다르다.

전자는 사건을 설명하지만, 후자는 사람 자체에 낙인을 찍는다. 바로 이처럼, 우리는 '명사'라는 단어 하나에 전부를 판단해버리는 경향이 있다.

명사탐닉 현상(Noun Bias)
**구체적 설명보다 단정적인 '명사' 한 단어에
더 쉽게 납득하고 판단하는 심리 현상**

'확실히 판단했다'는 착각이 주는 쾌감을 통해, 사람들은 스스로를 더 똑똑하다고 느끼게 된다.

그래서, 신문의 제목과 유튜브의 썸네일에 현혹되어 계속 낚이게 되는것이다.

보고서나 기획서에서도 이 효과는 위력을 발휘한다.

'매출 증가 기여'보다는 '작년 대비 매출 30억 증가'가, '친환경 정책 강화'보다는 '지구온난화 방지 1톤 CO_2 절감'이 더 명확하다.

숫자와 명사 단어가 만나면, 판단과 신뢰의 속도가 빨라진다.

어느 강남 한복판에 내걸린 플래카드.
"서울 최초, 초고층 주상복합 단지, 롯데월드 2배 규모!"
내용을 읽기도 전에 이미 '거대하다'는 인식이 확 들어온다.

길게 설명하지 않아도, 단어와 숫자 몇 개면 뇌는 판단을 끝내버린다.

명사탐닉의 활용 팁

- 수치와 비교를 포함한 명사를 사용하라
  (예: '축구장 30개 규모')
- 신조어와 신개념을 과감히 끌어다 써라
  (예: '스마트댐', '디지털트윈')
- 자극적인 단어는 명확한 이미지로 이어진다
  (예: '전국 최초', '기후대응형', '아차사고 사례집')
- 한 문장보다 강한 한 단어의 힘을 기억하라

하지만, 명사탐닉에는 단점도 있다. 때로는 '단어 하나에 속아 본질을 놓치는' 판단 착오가 생기기도 한다.

'세계 최대', '혁신', '스마트', '지속가능' 같은 단어들이 도배된 문서에 막상 본문은 부실한 경우도 많다. 확신은 주지만, 정확성과는 다를 수 있다. 그렇기에 명사는 말의 무기다. 제대로 쓰면 설득이 되지만, 잘못 쓰면 오해가 된다.

단어 하나로 사람을 움직일 수 있다면, 그 단어는 행동보다도 더 큰 영향력을 끼친다.

꼰대의
귀띔

문장은 설명하고,

단어는 확신을 준다.

그래서 우리는 늘 단어 하나에 꽂혀서

설득당하는 건지도…

직장생활백서 34

얼굴에 철판 깔고 살아야 하는 이유

사람은 어떤 대상을 자주 접할수록 더 좋아하게 된다.

밤늦은 시간, J는 술만 먹으면 꼭 한 번쯤 예전 선배에게 전화를 건다.
"처장님~ 오늘도 생각나서 전화했습니다!"

맨정신에는 괜히 눈치 보이고 부담스러워 하지 못했던 연락. 그런데 신기하게도 K는 이 전화가 귀찮지 않다. 오히려, 반갑다. 왠지 모르게 정이 간다. 왜일까?

에펠탑도 처음엔 흉물이었다?

심리학자 로버트 자이언스는 한 실험을 통해 밝혀냈다.

사람은 어떤 대상을 자주 접할수록 더 좋아하게 된다. 초반에는 별 감흥이 없거나 오히려 호감이 없더라도, 반복적으로 노출되면 점차 친근함이 생기고 호감도가 높아지는 것이다. 이를 '단순노출효과'(mere exposure effect)라고 한다.

심지어 에펠탑조차 처음 세워졌을 땐 "파리의 흉물"이라며 철거 여론이 거셌다. 하지만 매일같이 보게 되자 이젠 파리의 상징이 되었다. 그래서 '에펠탑 효과'라고도 부른다.

직장 속 단순노출효과

회사에서 자주 얼굴을 비추는 사람은 그렇지 않은 사람보다 업무 성과와 상관없이 더 호감형으로 인식된다. 회의 때마다 조용히 있다가 말없이 사라지는 직원보다, 간단히 한 마디라도 의견을 낸 직원이 더 기억에 남는다.

보고서를 수시로 자주 올리는 직원은 성과 외적으로도 '성실하다'는 평판을 추가로 얻게 된다. 회식에서 몇 번 마주친 적 없는 부장보다, 사소한 인사를 주고받은 대리가 더 친근하게 느껴진다.

단순노출은 '말 한마디', '눈 마주침', '이름 불러주기'처럼 아주 사소한 접촉에서부터 시작된다. 이 반복이 결국 친밀도를 결정한다.

> 사람의 마음은 복잡한 것 같지만,
> 자주 마주치고 자주 이름을 부르면,
> 결국 마음의 문을 연다.
> 한국인은 금새 정이 든다.

> 직장생활백서 35
>
> # 넛지 효과는 고려시대부터 있었다?

❙ 넛지는 표현의 방향만 달라져도 선택을 바꿀 수 있다.

요즘은 '넛지 효과'라는 말을 자주 듣는다. 외국 심리학 이론처럼 보이지만, 실은 우리 선조들도 이미 오래전부터 그 지혜를 활용해왔다.

고려 태조 왕건이 군사를 이끌고 행군하던 중, 우물가에서 물을 청했다. 한 처녀는 급히 물을 마시면 체할까 염려되어, 물 한 바가지에 버드나무 잎을 띄워 주었다. 이 작지만 섬세한 배려—자연스럽게 행동을 유도한 지혜—가 바로 '넛지'다.

소변기의 파리 그림

'넛지(nudge)'란 '옆구리를 살짝 찌르다'는 뜻에서 유래한 심리학 용어로, 강요 없이 부드럽게 행동을 유도하는 방식이다. 이 방식은 기대 이상으로 높은 효과를 보인다.

가장 유명한 사례는 네덜란드 암스테르담 스키폴 공항의 남성 화장실 이야기다. 아무리 계몽 포스터를 붙여도 바깥으로 튀는 소변은 줄지 않았다. 하지만 소변기에 파리 그림을 작게 그려 넣자, 소변기 밖으로 새는 소변량이 80%나 감소했다. 남성들이 자연스럽게 '조준'하려는 심리가 작동한 것이다.

국내에도 다양한 넛지의 사례가 있다.
쓰레기 투기 장소에 '절대 버리지 마시오'라는 문구나 CCTV를 설치해도 소용없던 곳에 예쁜 화단을 조성하자, 어느새 쓰레기가 사라졌다.
또, 고속도로의 색깔 유도선은 교통사고를 현저히 줄였다
병원에서 "수술 시 사망 확률은 20%입니다"라고 설명할 때보다, "생존 확률은 80%입니다"라고 말하면 수술을 선택하는 환자 비율이 훨씬 높아진다.
이처럼 넛지는 표현의 방향만 달리해도 사람의 선택을 바꿀 수 있다. 직접 지적하고 몰아세우는 것보다, 은근히 유도하는 방식이 오히려 더 효과적인 것이다.

직장에서도 마찬가지다. 매일 보는 동료의 얼굴에 표정이 좋지 않을 때, "혹시 저한테 불만 있으세요?"보다는 "요즘 건강 괜찮으세요? 얼굴이 좀 안 좋아 보여요"
이렇게 물어보는 편이 훨씬 부드럽고, 상대방의 감정도 자연스럽게

풀린다. 이것이 바로 '넛지 스피치'다.

실제 사례로 본 넛지 효과

-비누 속 장난감: 남아공의 한 NGO는 아이들에게 손 씻는 습관을 들이기 위해, 비누 안에 작은 장난감을 넣었다. 아이들은 장난감을 꺼내기 위해 비누를 자주 사용했고, 이로 인해 전염병 발생률이 70% 이상 감소했다.

-골수기증 반창고: 골수기증 신청률이 저조하자, 한 제약회사는 반창고 패키지에 면봉과 봉투를 넣어 '상처→채취→신청'까지 3단계로 자연스럽게 유도했다. 결과는 성공. 기증 등록률은 3배로 늘었다.

> 넛지는 훈계가 아니라 설계다.
> 정면으로 가르치기보다, 옆으로 슬쩍 밀어주는 지혜.
> 상대의 선택은 그대로 두고, 방향만 살짝 바꿔주는 힘.
> 그게 진짜 리더의 기술이다.

직장생활백서 36

결심하기 전에 먼저 선언하라

많이 떠벌릴수록 실행이 잘 되는 이유

"부장님, 저 오늘부터 담배 끊기로 아내와 약속했어요. 앞으로 담배 피우러 갈 때 같이 못 가겠어요. 죄송합니다."

K가 담담하게 말했다. 평소 같았으면 부장의 눈치를 봤을 텐데, 이번만은 달랐다. 팀원들 앞에서도 담배를 끊겠다고 당당히 선언한 그는, 스스로 여러 번의 실패를 떠올리며 이번만큼은 물러서지 않겠다고 다짐했다. 그리고 그 다짐은 실제로 성공으로 이어졌다.

사람이 무언가를 결심하는 건 쉽다. 하지만 그 결심을 행동으로 옮기는 건 언제나 어렵다. 특히 혼자만 알고 있는 결심은 지키지 않아도 부끄러울 일이 없다. 그래서 작심삼일이 되는 것이다. 하지만 '떠벌리기'는 다르다.

'떠벌림 효과(Profess Effect)' 또는 '공개선언 효과'는 자신이 정한 목표를 주변 사람들에게 공개하면, 그 약속에 책임을 느껴 실행력이 커진다는 심리 현상이다. 마치 사람들 앞에서 무대에 오른 것처럼 스스로를 억제하고 다잡게 되는 것이다. 이 이론은 1955년 콜롬비아 대학의 도이치와 제라드 박사가 실험을 통해 밝혀낸 바 있다. 피험자를 A, B, C 세 그룹으로 나눈 뒤, 자신의 의견을 수정할 확률을 관찰한 실험에서 가장 높은 실천력을 보인 집단은 자신들의 의견을 공개적으로 서명해 발표한 C집단이었다. 특히 더 많은 사람에게 알릴수록 효과가 커졌다는 점은, '많이 떠벌릴수록 실행이 잘 된다'는 것을 뒷받침해 준다.

때때로 말 한마디가 행동보다 강하다

직장에서도 이 원리는 그대로 통한다. 연초 부서 사업계획이 전사적으로 공표되면 그 프로젝트는 실행력이 커진다. 자격증을 준비한다고 대놓고 말한 직원이 합격할 확률이 높은 것도, 말한 이상 반드시 결과를 보여야 한다는 압박감 덕분이다. 그 압박감이 때론 추진력이 된다.

K차장은 스스로에게도, 동료들에게도 한 약속을 지키기 위해 작은 유혹에도 흔들리지 않으려 애썼다. 혼자 싸우지 않았기에, 포기할 수 없었기에 그는 해냈다.

그리고 필자 역시 이 책을 쓰며 중간중간 '이제 그만둘까?' 하는 유혹을 받을 때마다, 동료들에게 "책 꼭 완성할 거야"라고 떠벌려 놓은 그 말들이 커다란 동력이 되어 주었다. 말의 힘은 종종 행동보다 강하다.

> 결심은 조용히 하지만, 실행은 떠들썩하게.
> 당신의 말이 당신을 행동하게 한다.

직장생활백서 37

쓸모없는 부서가 계속 유지되는 이유

업무는 주어진 시간만큼 늘어난다

정부가 새로운 사업을 추진하면서 신설 부서를 만든다. 신설 부서는 본연의 업무 수행을 위해 관련 법령과 규정을 제정하고, 규정 이행을 위한 하위 기관을 만든다. 하위 기관은 현장 부서를 관리하기 위한 점검 매뉴얼을 만들고, 현장은 그 점검을 대비해 인력을 충원한다. 새로 배치된 인력은 소위 '밥값'을 해야 하기에 보고서를 만들고 실적을 관리하며 하루를 바쁘게 보낸다.

이렇게 모두가 바쁘게 움직인다. 하지만 돌아보면, 처음 시작한 핵심 일보다 그 주변에서 만들어진 일이 훨씬 많다. 본질은 작아지고, 부수적인 것이 조직의 본모양이 되어버리는 것이다.

많은 인원이 많은 일거리를 만든다

이것이 바로 '파킨슨의 법칙(Parkinson's Law)'이다. 원래 이 법칙은 "업무는 주어진 시간만큼 늘어난다"는 간단한 관찰에서 시작됐지만, 실제 조직에 적용하면 훨씬 더 깊고 무서운 메시지를 담고 있다. 일이 많아서 사람을 늘리는 게 아니라, 사람이 많아지니 그 인원이 일할 거리를 만들어내는 것이다. 결국 불필요한 조직, 불필요한 일, 불필요한 보고가 차곡차곡 쌓여 '비효율'이라는 산이 만들어진다.

파킨슨은 특히 관료 조직에서 두 가지 현상이 필연적으로 나타난다고 말했다.

첫째는 부하 배증의 법칙. 한 사람이 일이 많아지면 일을 나누는 대신 새로운 부하 직원을 만든다. 왜냐하면, 옆 동료에게 넘기는 순간 자신의 존재감이 줄어들 수 있다고 느끼기 때문이다.

둘째는 업무 배증의 법칙. 부하가 생기면 자연스레 그들을 관리하는 일이 생긴다. 관리자는 업무를 지시하고, 부하는 보고하며, 보고를 위한 새로운 형식과 프로세스가 생겨난다. 이렇게 일이 자기 복제를 시작하는 것이다.

극단적인 사례도 있다. 1996년 폴란드의 소방관 그레고리 C는 자신의 소방 출동 실적을 높이기 위해 무려 10건 이상의 방화를 저지르다 체포됐다. 누군가는 일이 없으면 만들어서라도 해야 한다고 생각했던 것이다. 끔찍하지만 파킨슨의 법칙을 극단적으로 보여주는 사례다.

사실 공공기관이나 대기업에서는 이 법칙이 은근히 통용된다. 보고를 위한 보고, 점검을 위한 점검, 회의를 위한 회의. 어느 순간, 우리는 이 일이 왜 필요한지 묻는 것조차 두려워한다. "원래 해오던 일이니까"라는 말로 모두가 정당화하고 만다. 그 과정에서 조직은 점점 더 무거워지고, 효율은 눈에 띄게 떨어진다.

정부가 국민안전을 강조하며 새로운 제도를 만들면, 그에 따라 관련법과 시스템이 촘촘히 만들어진다. 법이 정교해질수록 이를 관리·감독하는 조직과 사람이 필요해지고, 결국 일은 계속해서 분화되고 세분화된다. 그 안에서 진짜 중요한 일은 사라지고, 껍데기만이 남을 수 있다. 그렇다면 이 악순환의 고리를 끊을 방법은 없을까? 핵심은 '필요한 일'과 '만들어진 일'을 구분하는 것이다. 지금 하는 이 일이 정말 필요한가? 아니면 시스템 유지 자체가 목적이 되어버린 건 아닌가? 때로는 조직을 가볍게, 단순하게 만드는 용기가 필요하다.

꼰대의 귀띔

일은 물처럼 빈 공간을 채운다.

진짜 중요한 일은,

오히려 '덜 바쁠 때' 생긴다.

직장생활백서 38

일을 잘하고도 혼나는 직원

'반값에 득템했다'는 건 착각에 불과할 수 있다

S부장은 한때 함께 일했던 A차장을 누구보다 아꼈다. 뭐든 부드럽게 넘기고, 분위기 파악도 빠르고, 윗사람 눈치도 잘 보는 '정치맨'이었다. 그렇게 A차장과 손발을 맞춰온 시간이 길다 보니, S부장에겐 그의 스타일이 일종의 기준점이 되었다.

어느 날 A차장이 인사이동으로 떠나고, B차장이 새로 부임했다. B차장은 똑부러진 '소신맨'으로, 업무 능력도 뛰어나고 평가도 좋은 사람이었다. 하지만 S부장은 이상하게도 B차장이 영 탐탁지 않다. 일이 잘못돼서도 아닌데 자꾸 지적을 하게 된다. 뭔가 아쉽고, 뭔가 덜 된 느낌이다.

연봉협상의 칼은 누가 쥐고 있을까?

이것이 바로 앵커링 효과(anchoring effect)다. 사람은 어떤 사안에 대해 판단하거나 결정을 내릴 때, 최초에 접한 정보나 기준(앵커)

에 지나치게 의존하게 된다. 앞선 기준이 뒤따르는 판단을 무의식적으로 왜곡시켜 버리는 것이다.

예를 들어, 백화점에서 100만 원짜리 옷이 50만 원으로 할인 중이라면, 우리는 그 옷의 '가치'를 100만 원에서 출발해 판단한다. 설령 실제 적정 가격이 50만 원이었더라도, 우리는 '절반 가격에 득템했다'는 착각에 빠진다. 그게 바로 앵커링의 위력이다.

연봉 협상도 마찬가지다. 처음 누가 얼마를 제시하느냐가 협상의 판을 짠다. 높은 금액을 먼저 부르면 그 기준으로 흘러가고, 낮게 부르면 그 이상으로 올리기가 쉽지 않다.

심지어 식당 메뉴판에서도 이 효과는 작동한다. 첫 번째 메뉴가 가장 비싸다면, 그 아래 메뉴들은 상대적으로 '가성비 좋다'는 착각이 생긴다. 사람은 기준점이 하나 주어지면, 생각보다 쉽게 거기에 물들어버린다.

K는 보고서를 쓸 때 먼저 마인드맵이나 도식으로 초안을 그려 경영진의 의견을 미리 반영한 후 본 보고서를 작성한다. 이 방식은 효율적일 뿐 아니라, 경영진의 인식에 '이 친구는 일머리가 있다'는 앵커를 심어준다. 반면 X는 매번 완성된 보고서를 데드라인 직전에 내놓고 수정을 반복한다. 본부장은 K와 X를 자연스럽게 비교하게 되고, 결국 X에게 자꾸 불만이 생긴다. 일이 나빠서가 아니라, 처음에 심어진 '앵커' 때문이다.

퇴직한 선배 S의 이야기도 있다. 오랜 공공사업 경력을 가진 그는 한 민간기업으로부터 스카우트 제안을 받았다. "원하시는 연봉을 말씀해 주세요"라는 말에, S는 적정선이라 생각한 금액을 제시했지만, 회사는 너무도 쿨하게 그 금액을 수락했다. 만족감보다는 찜찜함이 더 컸다. '내가 너무 낮게 부른 건가? 처음에 더 불러볼 걸…' 결국 앵커를 너무 낮게 설정한 자신이 원망스러웠다.

이처럼 앵커링은 직장 안에서도 조용히 작동한다. 누군가에 대한 기대, 업무 스타일, 보고 형식, 심지어는 말투까지도 첫인상이 기준이 되며 비교가 시작된다. 그리고 그 앵커를 바꾸는 건 생각보다 어렵다.

사람은 기준을 세우고,

기준은 사람을 묶는다.

먼저 던지는 말 한마디가

그날의 방향을 정할 수도 있다.

직장생활백서 39

나보다 잘난 건 못 참지!

사람은 자신보다 더 똑똑한 사람, 더 뛰어난 능력을 가진 사람을 곁에 두는 걸 경계한다

회사에는 흔히 이런 말이 있다.

"A급 상사는 A급 부하를 뽑는다. B급 상사는 C급을 뽑고, C급은 D급을 곁에 둔다."

처음엔 농담인 줄 알았는데, 시간이 지날수록 웃을 수만은 없었다. 현실에서 이 말은 종종 진실로 작동한다.

사람은 자신보다 더 똑똑한 사람, 더 뛰어난 능력을 가진 사람을 곁에 두는 걸 경계한다. 무의식 중에 '내가 묻히진 않을까', '내 자리가 위험해지진 않을까'라는 불안이 들기 때문이다. 이를 심리학에서는 '사회적 비교편향(Social Comparison Bias)'이라고 한다.

예쁜 사람이 못생긴 사람과 어울리는 이유

 사회적 비교편향은, 타인의 뛰어난 역량이 자신의 지위나 자존감에 위협이 될 때 작동하는 심리적 방어 기제다. 자기보다 잘난 이를 낮게 평가하거나 배제하려는 무의식적인 심리. 때로는 부하직원, 때로는 동료, 때로는 경쟁자를 향한 보이지 않는 견제가 이 편향에서 비롯된다.

 예를 들어, 한 부장이 새로운 인력을 뽑는다. A는 외국어도 잘하고 발표력도 뛰어난 인재, B는 평범하지만 무난한 스타일이다. 누구를 뽑을까? 상식적으로는 A일 것 같지만, 부장이 외국어 실력을 자부하고 있었다면? A의 실력이 자신의 장점을 위협한다고 느낄 경우, 부장은 B를 택할 가능성이 크다. 편안한 선택이니까.

 이 심리는 외모나 학벌, 능력, 인기 등 다양한 분야에서도 나타난다. '예쁜 사람은 자신보다 덜 예쁜 사람과 어울린다'는 우스갯소리도 결국은 비교 우위를 확보하려는 무의식의 발현이다. 심지어 조직에서는 뛰어난 인재가 들어올 경우 오히려 갈등이 커지기도 한다. 경쟁보다는 견제가 먼저 작동하기 때문이다.

내가 그래도 쟤보다 낫지

K차장은 회사 내에서 손꼽히는 핵심 인재다. 성과도 좋고, 평판도 좋다. 그런데 그를 가장 부담스러워하는 사람은 다름 아닌 그의 직속 부장이다. 부장은 K를 마뜩잖아 하며 자꾸만 트집을 잡고, 사소한 일에도 지적을 아끼지 않는다. K가 해외 장기 연수에 지원하겠다고 하자 "일도 바쁜데 그런 생각은 왜 하냐"며 차갑게 반응한다. 서류도 통과됐지만, 부장은 끝내 적극적인 추천 한마디도 해주지 않았다.

부장 입장에선 자리를 지키기 위한 방어였겠지만, 조직 전체로 보면 이런 비교 편향은 사람을 지치게 만든다. 일을 잘해도, 잘한다는 이유로 혼나는 사람. 이 얼마나 억울한 구조인가.

더욱이 이 편향은 타인과의 비교를 통해 '내가 좀 처진다는 불안'을 억누르기 위해 작동한다. 그리고 이 불안은 실력 있는 사람을 밀어내거나, 차단하거나, 때로는 무시함으로써 해소되기도 한다. 결과적으로 조직은 능력을 외면하고, 분위기는 위축된다.

이런 비교의식은 '절대적 가치'보다 '상대적 위치'를 중시하는 심리와도 맞물려 있다.

다음 두 가지 중 하나를 선택해야 한다면, 당신은 무엇을 고르겠는가?

A: 내가 10만 달러를 받고, 남들은 9만 달러를 받는다.

B: 내가 11만 달러를 받고, 남들은 12만 달러를 받는다.

정답은 없지만, 연구에 따르면 대부분 사람은 A를 선택한다고 한다. 더 많이 벌어도 남보다 적게 받으면 손해 본 느낌이 들기 때문이다. 이를 심리학적으로는 '용의 꼬리보다 뱀 대가리를 택하는 심리'라 할 수 있다.

꼰대의 귀띔

남과 비교할수록 시야는 좁아지고,

나와 비교할수록 사람은 성장한다.

나를 성장시키는 질문은

'오늘의 나는 어제의 나보다 나아졌는가?' 이다.

> 직장생활백서 40
>
> 우리가
> 돈이 없지
> 가오가 없냐?

"너 내가 누군지 알아?"의 심리학

"김대리, 왜 이렇게 했지?"
"부장님, 작업을 이렇게 하는 게 더 효율적인 것 같아서요."
"누가 그렇게 하랬나? 시키는 대로 하지 그랬어."

K는 더 잘해보려 한 건데, 결국 부장에게 시비나 걸렸다. 속으로 욕이 튀어나온다.

'뭐가 문젠데, ㅈㄹ…'

존재감에 대한 갈망

이런 일이 한국 직장에서는 그리 드문 장면이 아니다. 문제는 단순한 보고 체계나 절차의 미숙함이 아니라, 한국인의 고유한 '주체성' 성향 때문이다. 한국인은 지극히 관계 중심적인 주체성을 갖고 있다. 즉, 타인의 인정과 반응을 통해 자기 존재를 확인받고 싶어 한다.

"감히, 내가 누군지 알아?" "우리가 돈이 없지 가오가 없냐?"

서양에서는 '주체성'이란 개인의 자율적 선택을 존중받는 것으로 여겨진다. 반면, 한국의 주체성은 자기 존재의 드러남과 인정을 전제로 한다. 동사무소에서 갑질하는 민원인이 내뱉는 "내가 누군지 알아?"라는 말은, 자기의 정체성과 권위를 드러내고 싶은 강한 심리의 표현이다.

영화 범죄와의 전쟁 속 최민식의 대사,

"내가 말이야~ 니 서장이랑 밥도 먹고, 마~"

이런 말들이 괜히 나온 게 아니다. '존재감 확보'는 한국인의 자존심과 연결되어 있다.

그래서 직장에서도 마찬가지다.

"정해진 대로 하세요"라는 말은 객관적 지시가 아니라, 때론 인격적 무시로 들린다. 자신을 주체로 인정받지 못하는 순간, 한국인은 쉽게 반발하거나 침묵한다.

직급=정체성, 나도 주인공이고 싶다

한국인은 단순히 일 잘하는 부속품이 아니라, '주인공'으로 대우받고 싶어 한다.

그래서 단순한 복사, 문서 정리 등 수동적 업무만 맡겨지면 곧 불만이 쌓인다.

시골에서는 '모든 사람이 회장'이란 우스갯소리가 있지만, 그 말엔 모두가 주체가 되고 싶은 마음이 깃들어 있다.

K팀장은 팀 내 선임인 A대리에게는 중요한 프로젝트를 함께 맡기면서도, 후임 B대리에게는 잡일만 주다 보니 점점 입을 닫는 B. 어느 순간부터 회의에서도 말이 없어지고, 분위기가 무거워졌다. K는 늦게나마 눈치를 채고, B에게 작은 단위라도 책임 있는 역할을 부여했다. 그제야 팀에 활기가 돌기 시작했다.

- 주체성의 뿌리: 한국인은 인정과 반응 속에서 자신을 확인받으려 한다.
- 직장에서의 표현: "시키는 대로 하라"는 말은 간섭이 아니라 무시로 받아들여진다.
- 리더가 기억할 점: 구성원의 '존재감 회로'를 채워주면 일에 대한 책임감도 같이 따라온다.

** 역사로 본 한국인의 주체성 : 왕이 없어도 죽어라 싸우는 한국인..... 왕이 있어야 싸우는 일본인..... 그래서 임진왜란은 조선의 승리로 끝났다. (일본은 도요토미가 죽어서 더이상 전쟁을 할 수 없었다.)

누구나 주인공이고 싶다.

자율성이 허락된 자리에서, 사람은 스스로 빛나기 시작한다.

직장생활백서 41

회사랑 사랑하지 말고 '썸'을 타라

> 회사를 떠나는 순간, 남는 것은 커리어와 평판, 그리고 후회 없이 일했다는 자부심이 우선이다.

구글 수석 디자이너 김은주 씨는 유퀴즈 프로그램에 나와 이렇게 말했다.

"회사랑은 깊이 사랑하지 말고 썸을 타야 합니다. 회사에 올인하면 배신감이 커져요."

직장에 진심이던 이 말은 많은 직장인의 가슴에 박혔다.

건강이든 경력이든, 자신을 희생하면서까지 일에 몰입하지 말라는 조언이었다.

회사는 나를 끝까지 책임져주지 않는다. 그래서 더더욱 '똑똑하게 일하는 법'을 익혀야 한다.

너무 진심이면 상처받는다

과거 베이비부머나 X세대는 회사와 함께 늙어가는 걸 미덕이라 여겼다.

야근도 불사하고, 사생활은 뒷전이었다. 충성은 곧 생존이었으니까.

하지만 퇴직이 다가올 즈음, 돌아보면 남은 건 후회뿐이었다.

가정도, 건강도, 나 자신도 제대로 돌보지 못했으니 회사에 느끼는 배신감은 더 클 수밖에 없다.

요즘은 시대가 달라졌다.

회사를 떠나는 순간, 내가 남긴 것은 커리어와 평판, 후회 없이 일했다는 자부심이다.

그래서 더더욱 '사랑'이 아닌 '썸'이다.

너무 오래 진심이면 상처받는다. 감정의 거리를 유지해야 일도 삶도 길게 간다.

열심히 일하는데 열심히 안 산다?

TV 프로그램에서 독일 여성과 결혼해 한국에 들어온 부부의 이야기가 소개된 적 있다.

그 독일 여성은 이렇게 말했다.

"한국 사람들은 맹목적으로 마라톤을 하는 느낌이에요.

열심히 일한다는 건 알겠는데, 열심히 산다는 말은 잘 모르겠어요."

그녀의 눈엔, 한국인의 삶이 마치 누군가에게 끊임없이 인정받기 위해 달리는 것처럼 보였던 것이다.

실제로 한국인은 여행마저도 열심히 한다.

하루에 1,000km를 운전하고, 새벽같이 일어나 명소를 다 찍고, 사진을 SNS에 업로드한다.

쉬는 날에도 자신을 증명해야 하는 삶. 이게 정말 우리가 원했던 삶일까?

직장에서는 "요즘 바쁘시죠?"가 인사말이지만,

만약 "요즘 안 바쁘시죠?"라고 하면 괜히 기분이 상한다.

일이 곧 존재감인 시대. 우리는 그렇게 '열심히' 살아왔다.

그 열정이 모두 나쁜 건 아니다.

하지만, 오랜 시간 업무에 자신을 다 바쳤던 M차장이 남긴 말은 시사하는 바가 크다.

"이제 회사도 바뀌었고, 저도 바뀌었어요."

그녀는 과거처럼 워커홀릭이 아니고, 함께 일하던 후임은 더 나은 워라밸을 찾아 이직했다.

그게 그 후임의 '썸'이었고, '나를 지키는 선택'이었다.

개미도 80%는 논다

필자 역시 과거에는 주말이고 평일이고, 일 없으면 만들어서까지 야근했다.

주 90시간 일하는 삶.

지금 생각하면 왜 그렇게까지 했을까 싶다. 다행히 회사도, 사회도 변했다.

이제는 일과 삶의 균형이 당연한 시대가 되어가고 있다.

개미도 80%는 논다고 한다. 에너지를 한 곳에 100% 쓰면 정작 문제가 생겼을 때는 힘이 없다. 회사에 대해 너무 깊이 사랑하지 말고, 나와 내 가족, 내 삶에도 에너지를 써야 한다. 직장이 내 인생의 전부가 되는 순간, 위기는 생각보다 빠르게 찾아온다.

꼰대의 귀띔

> "장차장, 이제는 죽어라 열심히 살지 말고,
> 그냥 열심히 일하면서 살자."

직장생활백서 42

거짓말 아닌 듯한 거짓말

> "기쁨은 나누면 반이 되고, 슬픔은 나누면 두 배가 된다"

오래전 회사에서 승진 적체가 심각했을 때, 직원들 사이에 농담처럼 오가는 말이 있었다.

"오늘 전국확대간부회의에 폭탄 하나만 떨어지면 승진 자리는 확 늘어나겠는데요?"

웃자고 한 말이지만, 듣고 있으면 씁쓸한 현실이 비껴가지 않는다. 누군가의 불행이 누군가에겐 기회가 되는 구조, 그 아이러니 속에서 우리는 직장생활을 이어간다.

기쁨은 나누면 반이 된다

실제로 악명 높은 상사가 임원이 된 지 몇 달 만에 퇴임하게 되었을 때, 그 상사에겐 좌절이고 슬픔이었지만, 해당 직원들에게는 "제2의 창립기념일"이라 불릴 만큼 기쁨과 환호가 넘쳐났다는 이야기는 유명하다. 기쁨과 슬픔은 상대적인 감정이고, 특히 회사라는 조직에서는 이해관계에 따라 그 무게가 달라진다.

예전엔 "기쁨은 나누면 배가 되고, 슬픔은 나누면 반이 된다"고 했지만, 요즘은 "기쁨은 나누면 반이 되고, 슬픔은 나누면 두 배가 된다"는 자조 섞인 말이 회자된다. 직장에서 기쁨은 질투를 부르고, 슬픔은 약점으로 돌아올 수 있다는 현실을 반영한 말이다.

그래서일까. 요즘은 기쁨도 조심스럽고, 슬픔도 조용히 삼키는 경우가 많다. 진심으로 기쁨을 축하해주고, 아픔을 함께 나눌 수 있는 사람은 그 자체로 귀한 존재다. 그렇기에 직장에서 누군가 내 진심을 함께 나눌 수 있다면, 이미 성공한 셈이다.

자랑도 조심해야 한다.

자식 없는 사람에게 자식 자랑, 돈 없는 사람에게 재산 자랑, 이혼한 사람에게 부부 금슬 자랑은 배려 없는 말이 된다. 기쁨을 이야기하고 싶다면 그 뒤에 있는 고생과 아픔도 함께 말할 수 있어야 듣는 사람의 마음에 상처를 주지 않는다.

직장 내 승진은 축하받아 마땅한 일이다. 하지만 자칫하면 누군가에겐 상실감으로 다가올 수 있다. 그래서 기쁨을 드러낼 땐 함께한 사람들과의 고마움, 자신이 감당했던 무게도 함께 나누는 것이 배려다. 진심으로 축하해주는 사람이 곁에 있다면, 다음 기쁨은 그 사람 차례일 수도 있다.

한때는 "가족 같은 회사"를 외쳤지만, 요즘 세대는 6시 이후 연락을 꺼리는 '선 긋는' 조직 문화를 선호한다. 기쁨과 슬픔을 나누는 것도, 이제는 진짜 가까운 사람과 조심스럽게 이뤄져야 한다.

> 회사에서 기쁨과 슬픔을
> 나눌 수 있는 사람은 많지 않다.
> 그렇기에 진심으로 축하해주고,
> 진심으로 위로해줄 수 있다면,
> 그 사람은 당신 직장 인생의 가장 큰 복이다.

직장생활백서 43

굴러온 복을 제 발로 찬 놈

> "비관론자는 모든 기회에서 문제를 보고, 낙관론자는 모든 문제에서 기회를 본다."

K는 한때 미래 혁신 기술을 담당하는 부서에 근무한 적이 있다. 그 시절 수많은 스타트업과 신기술을 접하면서 테슬라라는 기업도 알게 되었지만, 그걸로 끝이었다. 주식 계좌도 없었고, 관심도 없었기 때문이다. 만약 그때 15달러에 주식을 샀다면 1년만에 20배 이상을 벌었을 것이다. '기회는 항시 준비 없이 찾아오고, 모르면 보이지 않는다'는 사실을 뼈저리게 느낀 순간이었다.

"하늘은 운 없는 사람은 세상에 내놓지 않는다"는 말이 있다. 운이란 건 결국 누구에게나 온다. 문제는 기회가 왔을 때 그것을 '기회'로 알아보느냐, 아니면 '귀찮은 일'로 여기고 지나치느냐의 차이다.

기회는 멋진 옷을 입고 찾아오지 않는다

실제로 신임 부서장이 새로 추진하는 업무를 맡길 팀을 찾을 때, 바쁘다며 회피하던 A팀 대신 적극적으로 나선 B팀이 그 일을 맡게 되었고, 결과적으로 회사의 주목을 받으며 연말 평가에서 승진자까지 다수 배출했다. A팀 입장에서는 '굴러온 호박을 제 발로 찬 셈'이었다.

기회는 멋진 옷을 입고 오지 않는다. 에디슨이 말했듯, 기회는 허름한 작업복을 입고 오기 때문에, 처음 보면 그저 '일거리'처럼 보인다. 그래서 놓치기 쉽다. 예를 들어, 좋은 조건의 해외 파견 자리가 나왔다고 하자. 하지만 영어가 안 되면? '공고문이 눈에 들어오지도 않는다.' 결국 기회는 눈앞에 있는데도, 보이지 않는 것이다. 준비되지 않으면, 기회조차 존재하지 않는 것처럼 느껴진다.

직장에서도 마찬가지다. 새로운 일이 떨어졌을 때, 누구는 "귀찮아"라며 회피하고, 누구는 "이게 기회일지도 몰라"라며 잡는다. 그리고 몇 개월 후 결과는 천차만별이 된다. 기회는 선택의 문제다.

세계적인 동기부여 연설가 데니스 웨이틀리는 말했다.

"비관론자는 모든 기회에서 문제를 보고, 낙관론자는 모든 문제에서 기회를 본다."

진짜 리더들은 문제가 있는 곳에서도 기회를 발견해낸다. 위기 속에서 기회가 온다는 말이 괜히 있는 게 아니다. 한자로 '위기(危機)'는 위험과 기회를 함께 담고 있다. 위기는 단순한 위협이 아니라, 선택에 따라 전환점이 되기도 한다.

> 혼자 힘으로 성공하는 사람은 없다.
> 인맥은 든든한 빽이고, 보증수표다.
>
> 인맥이 예상 밖의 기회를 가져오고,
> 프로젝트도, 승진도, 외부 기회도
> 인맥에서 비롯되기도 한다.
>
> 요즘 유행하는 NQ(Network Quotient)는
> 단순한 연줄이 아니라, 함께 잘 되자는 공존의 개념이다.
> 탈무드식 인맥관리가 직장 내에서
> NQ를 높이는 열쇠가 될 수 있다.

> 직장생활백서 44
> # 언제 어디서나 가치를 만드는 '밸류메이커'

기회는 언제 어디서나 무궁무진하다

같은 걸 보고도 다른 가치를 만들어내는 사람들이 있다. 누구는 단순히 풍경으로, 누구는 가능성으로 본다. 이런 사람들을 '밸류메이커(Value Maker)'라 부른다. 말 그대로, 가치를 만들어내는 사람들이다.

누군가 아프리카 가나에 가서 "여긴 다 맨발인데 신발 못 팔겠어"라며 돌아선다. 그런데 또 다른 누군가는 "세상에, 여기야말로 신발 시장의 기회가 무궁무진하군!"이라고 감탄한다. 똑같은 현실, 전혀 다른 해석이다.

같은 걸 보고 다른 생각을 하는 사람들

직장에서 매일 마주치는 일들 속에도 누군가는 "귀찮은 일거리"라고 생각하는데, 누군가는 "이건 새로운 가능성의 시작"이라며 들여다본다. 같은 자료를 보면서도 누군가는 이윤 계산만 하고, 누군가는 도

시문제를 해결할 수 있는 모델로 발전시킨다.

댐을 보면, 누구는 그 위의 수면을 떠올리며 수상태양광을 구상한다. 또 어떤 사람은 수면 아래의 냉수에 주목하며 수열에너지 시스템을 설계한다. 같은 저수지지만, 시선의 깊이에 따라 전혀 다른 아이디어가 탄생한다. 이것이 바로 밸류메이커의 눈이다.

K-water에서 추진했던 '수열 에너지 클러스터' 사업도 그랬다. 데이터센터의 막대한 에너지 사용량을 줄이기 위해, 댐의 저층수(저온수)를 활용하는 아이디어였다. 한쪽 부서는 에너지 절감의 혁신이라며 찬성했고, 다른 쪽 부서는 토지 분양 수익이 없다며 반대했다. 몇 년 동안 사업이 진전되지 않았지만, 이 두 개의 다른 논리를 하나로 엮어낼 수 있는 '통합적 가치 프레임'을 만들자, 마침내 사업은 추진되었다. 결국, 가치를 다르게 보는 눈 하나가 전체 흐름을 바꾸게 된 셈이다.

우리에게 익숙한 '포스트잇'도 처음엔 실패였다. 3M의 스펜서 실버 박사는 강력접착제를 개발하려다, 접착력이 약한 이상한 물질을 만들고 말았다. 그런데 이것이 '붙였다가 떼기 좋은' 특성을 가진 것을 발견하고, 새로운 메모용지를 고안한 것이다. 만약 조직이 "실패작이야"라고 무시해버렸다면, 포스트잇은 이 세상에 존재하지 않았을지도 모른다.

 밸류메이커는 실패를 실패로 보지 않는다. 거기에서 배울 점을 찾고, 새로운 기회를 떠올린다. 단순한 문제 안에서도, 아직 아무도 보지 못한 기회가 숨어 있다고 믿는다. 그래서 그들의 일처리는 늘 다르게 흘러간다.

> 특별한 아이디어는 멀리 있지 않다.
> 똑같은 현실을 보면서도,
> 다르게 해석하는 눈이 만들어낸다.
> 밸류메이커는 '보다'가 아니라,
> '보여준다'.

직장생활백서 45

꿀 먹은 벙어리들의 회의

"질문 있으신 분?" 회의 때 침묵하는 이유는 아이디어가 없는 게 아니라, 말을 안 하는 것이다.

오바마 대통령이 한국을 방문했던 날, 전 세계가 지켜보는 기자회견장에서 이상한 정적이 흘렀다. 오바마가 여러 번 한국 기자들에게 질문 기회를 주었지만, 아무도 손을 들지 않았다. 잠시 후, 손을 든 건 중국 기자였다. 많은 이들의 얼굴이 붉어졌다. 부끄러움은 단지 그 자리에 있던 기자들만의 몫은 아니었을 것이다.

왜 아무도 질문하지 않았을까? 준비되지 않은 질문이 국제적으로 망신이 되진 않을까? 혹은 조직에서 찍히진 않을까? 무언가를 말하기 전에 머릿속에서 열 번쯤 '자기검열'이 돌았을 것이다.

조직 침묵 현상의 원인

한국 사회는 유교적 질서와 위계 속에서 '질문하지 않는 문화'를 발전시켜왔다. 선생님 말씀은 곧 정답이고, 상사 지시는 그 자체로 완벽한 지침이었다. 질문은 무례함이었고, 발언은 불필요한 일이었다. 이런 문화는 고스란히 조직으로 이어졌다.

회의실은 언제부터인가 조용한 장례식이 됐다. "의견 있으신 분?"이라는 상사의 말에 고개를 푹 숙인 채 묵묵부답. 한 사람씩 돌아가며 의견을 말하라는 순서가 돌아올 때만 겨우 입을 떼고, 다시 침묵. 회의는 늘 몇 명만 말하고 끝난다. 다들 아이디어가 없는 게 아니라, 말을 안 하는 것이다.

이런 현상을 '조직 침묵'이라 불린다. 조직 침묵은 말할 능력도 의지도 있지만, 말하지 않기로 마음먹는 심리적 방어 행위다. 심리학적으로 '심리적 안정감'이 낮은 조직일수록 침묵은 더욱 강해진다. 자신의 말이 무시당할까, 혹은 말실수로 불이익이 돌아올까 봐 사람들은 스스로를 검열하고 입을 다문다. 글로벌 컨설팅사인 딜로이트(Deloitte)의 연구결과에 따르면, '회사에서 부정적인 영향을 끼칠 수 있는 문제나 관행에 대해서 침묵한다'고 답변한 직장인이 70퍼센트 정도였다. 이는 서양인을 대상으로 했을 것이니, 한국인은 훨씬 높은 수준일 것이다 왜 침묵할까? 다음 셋 중 하나일 것이다.
-스트레스 회피: 말하면 일이 늘어날까 봐
-두려움: 다른 사람의 평가나 시선이 무서워서
-무기력감: "말해도 안 되잖아"라는 포기

침묵은 곧 조직의 저성과로 이어진다. 중요한 정보는 숨겨지고, 창의적인 아이디어는 사라진다. 누구도 틀릴 수 없고, 모두가 맞아야만 하는 회의에서 진짜 토론은 이뤄지지 않는다.

그래서 디즈니에서는 창의적 회의를 위해 '쓰리룸(3room) 기법'을 쓴다.

*쓰리 룸의 원칙
-몽상가의 방: 상상은 자유! 비판 금지
-현실가의 방: 예산과 자원 등 실행 가능성 점검
-비판가의 방: 비판 OK, 논리적으로 따지기

'지금 우리는 몽상가의 방입니다'라는 진행자의 선언만으로도, 참가자들은 심리적으로 자유로워진다. 그리고 회의는 갑자기 활기를 띤다. 규칙이 명확해질 때, 사람들은 말하기 시작한다.

조직 침묵을 깨기 위해선 리더의 변화가 필요하다. 권위는 내려놓고, "부정적인 보고"에 화내는 대신 "문제를 해결하려면 어떤 방법이 있을까?"라고 묻는 태도가 필요하다. 영국의 전 총리 토니 블레어는 '소파 내각'을 통해 딱딱한 회의 문화를 깨고 중대한 국가 현안을 결정했다. 편한 분위기에서야 말이 나온다는 걸 알았기 때문이다.

 필자도 과거 슬리퍼 착용 문화를 사무실에 도입한 적이 있다. 직원들은 말 한마디보다, 슬리퍼 한 켤레로 훨씬 마음이 편해졌다고 했다. 보고도 자연스러워졌고, 회의실 좌석을 자유롭게 배치하자 의견도 자율적으로 흘러나오기 시작했다.

꼰대의 귀띔

침묵은 더 이상 금이 아니다.
모두가 자유롭게 말한다는 건
심리적 안정감이 높다는 것이고,
이런 조직이 건강한 조직이다

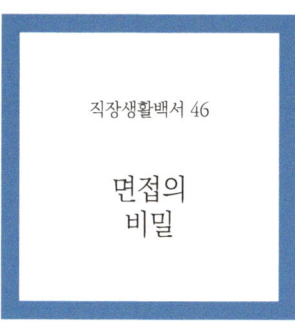

직장생활백서 46

면접의
비밀

| 대부분의 면접은 오전과 오후로 나뉘는데, 통계적으로 오전 면접자들이 더 유리하다는 결과가 많다.

 한 심리실험이 있다. 면접위원들에게 엘리베이터에서 잠깐 동안 커피를 쥐어주었는데, 누군가는 따뜻한 커피를, 누군가는 차가운 커피를 받았다. 단지 그 차이뿐이었다. 그런데 결과는 놀라웠다. 따뜻한 커피를 들고 있었던 심사위원은 지원자를 더욱 따뜻하게 평가했다. 결국, 그들에게서 합격자가 더 많이 나왔다.
 커피 온도가 면접 합격률을 바꾼다는 말, 믿기 어려운가? 하지만 인간의 판단은 그렇게 비합리적일 수 있다.

 면접 시간도 영향을 준다. 대부분의 면접은 오전과 오후로 나뉘는데, 통계적으로 오전 면접자들이 더 유리하다는 결과가 많다. 이유는 단순하다. 면접관은 점심을 먹고 나면 오전 면접자들의 평균치를 무의식적으로 기준점(앵커)으로 삼는다. 오후 면접자는 그 평균 이상이 되어야만 돋보인다. 즉, 같은 실력이어도 비교 기준의 위치 때문에 더 불리해지는 것이다.

첫인상은 보디랭귀지가 반?

'메라비언의 법칙'에 따르면, 사람의 인상을 결정하는데 말의 내용은 7%, 목소리는 38%, 보디랭귀지(표정, 자세, 제스처 등)는 무려 55%를 차지한다.

결국, 면접에서 중요한 건 "무슨 말을 했는가"보다는 "어떻게 보였는가"이다.

이쯤 되면, 면접 준비는 '스펙'보다 '태도'에 초점이 맞춰져야 하는 게 아닐까?

하버드의 사회심리학자 에이미 커디 교수의 유명한 실험도 있다.

열 명의 참가자를 두 그룹으로 나눠 한쪽은 '하이 파워 포즈'(가슴을 펴고 당당한 자세), 다른 쪽은 '로우 파워 포즈'(웅크리고 팔짱을 낀 자세)를 2분간 유지하게 했다.

놀랍게도, 하이 파워 포즈 그룹은 자신감을 높이는 테스토스테론이 20% 증가, 스트레스 호르몬인 코르티솔은 25% 감소했다.

그리고 그들이 모의 면접에서 실제 합격률이 20% 이상 높았다. 간단한 자세 하나로, 뇌와 몸이 완전히 다른 반응을 보인 것이다.

떨지 않는 것보다 중요한 것

회사 내 연구원 면접에서 있었던 일이다. 한 여성 지원자가 너무 긴장해 목소리가 떨렸다. 답변도 정돈되지 않았다. 하지만 우리는 시간을 조금 더 주고, 편안한 질문을 던지며 그를 살펴봤다. 그 안에는 확고한 커리어와 열정이 숨어 있었다. 그걸 알아봤기에, 채용을 결정했다. 입사 후에도 자세와 말투, 자신감의 중요성을 함께 나눴고, 그는 점점 눈부시게 성장했다.

사람은 누구나 긴장한다. 하지만 똑같은 조건에서 보이는 자세, 말투, 눈빛은 의외로 큰 차이를 만든다. 면접은 '실력'만의 게임이 아니다. 그것을 어떻게 보여주는가의 게임이기도 한 것이다.

> 면접의 승부는 준비보다
> 태도에서 갈린다.
> 어쩌면, 당신의 진짜 실력은
> 태도에서 드러나는 지도 모른다.

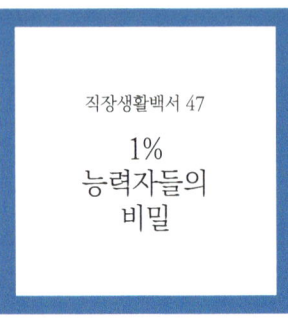

직장생활백서 47
1% 능력자들의 비밀

| **직장에서 진짜 실력은 메타인지로 구별된다.**

'메타인지(meta-cognition)'는 '생각을 생각하는 능력', 다시 말해 자신이 아는 것과 모르는 것을 구분하고, 지금 하고 있는 방식이 맞는지 점검하고 수정할 줄 아는 능력이다.

똑같이 일했는데 효율이 떨어지는 이유

새로운 프로젝트가 시작됐다. 부장은 요령이 좋은 김대리와 성실한 이대리에게 업무를 맡기며, 예전에 자신이 써먹었던 방식과 자료를 공유했다. 둘은 각각 다른 방식으로 일을 시작했다.

김대리는 먼저 전체 일정표를 짜고, 기존 방식보다 더 나은 방법이 있을지 탐색했다. 일의 진척 상황도 수시로 보고하고 피드백을 반영했다. 일을 빠르게, 그리고 유연하게 풀어갔다.

반면 이대리는 부장이 알려준 방법을 그대로 따라가다가 자꾸 의문이 생겼고, 계속 물어보면서도 스스로 확신하지 못한 채 느리게 일정을 진행했다. 열심히는 했지만, 효율은 떨어졌다. 두 사람의 차이, 바로 메타인지였다.

'메타인지(meta-cognition)'는 한 마디로 말해 '생각을 생각하는 능력', 다시 말해 자신이 아는 것과 모르는 것을 구분하고, 지금 하고 있는 방식이 맞는지 점검하고 수정할 줄 아는 능력이다.

메타는 '한 단계 위', 인지는 '앎'이니, 한 단계 높은 앎, 즉 자기 점검의 능력인 셈이다.

초등학생 수준으로 말할 수 있는가

학생 시절을 떠올려보자. 공부 잘하는 친구가 공부 못하는 친구에게도 아주 잘 설명하는 경우가 있다. 오히려 선생님보다도. 이것이 바로 높은 메타인지의 예다. 자신의 지식을 객관화하고, 남의 눈높이에 맞춰 재구성할 수 있는 능력이다.

네덜란드의 교육학자 마르셀 베엔만 교수의 연구에 따르면, 성적에 영향을 주는 요인 중 IQ는 25% 수준이었지만, 메타인지는 40%나 영향을 미쳤다고 한다. 공부를 잘하는 비결은 결국 스스로의 학습을 조절하고 인식하는 능력, 즉 메타인지에 달려 있는 것이다.

실리콘밸리의 창업자들이 투자자를 설득할 때 일부러 초등학생 수준의 설명을 준비한다는 사실은 유명하다. 고도의 기술도 남들이 이해하지 못하면 투자받을 수 없다. 이해시킬 수 있을 만큼 자기 인식을 가진 사람만이, 진짜 실력을 가진 사람이라는 것이다.

메타인지는 후천적 능력

이런 메타인지의 차이는 직장에서도 분명히 나타난다.

부서장 K는 늘 답답하다. 직원들이 보고서를 가져오면, 본인은 내용을 제대로 이해하지 못하지만 모른다고 말하기도 애매하다. 직원들의 설명이 너무 어렵지만, 결국, 알아들은 척 '빠르게 결재'해준다.

그런데 이차장의 보고는 다르다. 전문용어는 자제하고, 사례 중심으로 차근차근 설명한다. 상대의 이해 수준을 고려하며 소통한다. 그러니 믿음이 갈 수밖에 없다.

진짜 문제는 본인이 모르는 걸 모른다는 사실조차 모르는 것이다.

그런 사람은 개선도, 성찰도 어렵다. 메타인지는 선천적인 능력이 아니다. 누구나 훈련하고, 의식하고, 조절하는 연습을 통해 충분히 키울 수 있다. 어떤 사람은 경험이 쌓일수록 고집만 늘어가고, 어떤 사람은 시간이 갈수록 더 유연하고 현명해진다. 이 차이는 지능이 아니라 자신을 객관화하는 힘, 바로 메타인지에 있다.

아는 사람은 배우고,

지혜로운 사람은 스스로를 돌아본다.

성장은 성찰에서 시작된다

> 직장생활백서 48
>
> # 영혼 없는 단체 문자의 최후

명절 인사를 안 보내자니 불안하고, 보내자니 의미가 있을까 싶을 때

명절은 직장인에게 늘 고민의 계절이다.

인사를 안 보내자니 불안하고, 보내자니 의미가 있을까 싶다. 결국, 수많은 직장인이 '복붙 인사'를 택한다.

"2025년 을사년, 행복 가득한 새해 되세요. ○○○ 드림."

마음은 편하다. 수고는 줄고, 불안은 덜고. 하지만 받은 사람은 어떤 기분일까?

단체 메시지를 받아본 사람 대부분은 이렇게 말한다.

"누구한테 받았는지 기억도 안 나요."

"성의가 안 느껴져요."

"그냥 지우기도 귀찮아요."

한 설문조사에서는 이런 답변들이 나왔다.

42% '성의 없어 보인다'

33% '안 보내는 것보단 낫다'

22% '그냥 보내지 마라'

3% '반갑고 고맙다'

이쯤 되면 단체 메시지는 보내는 사람만의 심리적 위안일지도 모른다.

명절 인사는 일종의 '작은 정성'이다. 그런데 그 정성조차 복사-붙여넣기라면, 전달되는 건 '의례'뿐이다. 그래도 단체 인사를 해야 한다면, 최소한 인칭대명사 하나쯤은 붙여주자.

"이과장님, 2025년 새해엔 좋은 일만 가득하시길 바랍니다."

"지사장님, 늘 감사드립니다. 건강한 연휴 보내세요."

짧은 한 줄이라도 '누구를 위한 말인지'가 드러날 때, 마음이 열린다.

내게 오래 남아 있는 인사는 단체 메시지가 아니었다.

해외에 있는 J차장이 보낸 개인 카톡, "함께 일했던 때가 그립다"는 말 한마디가 오랜 여운을 남겼다. 감성적인 S차장은 인사발령 후 눈가가 촉촉했다. 며칠 뒤, 포스트잇에 쓴 손글씨를 사진으로 찍어 보내왔다. 그 몇 줄의 글이, 어떤 장문의 말보다 깊은 감정을 전했다.

잠시 함께 일한 J박사는 퇴사 후 자신의 책을 보내주었다. 그 책엔 손으로 정성껏 쓴 엽서가 들어 있었다. 직장 생활 중 처음 받아본 손글씨 엽서. 나는 그것을 사진으로 저장했고, 가끔 꺼내보며 그의 성실함과 따뜻함을 떠올리곤 한다.

지사장으로 근무할 때였다. 지자체 '인구 늘리기' 공모전에서 1등을 하고 상금 100만 원을 받았다. 그 돈을 한 번의 회식으로 털기엔 뭔가 아쉬웠다. 그래서 연습해둔 캘리그래피를 꺼냈다. 부서 직원 30여 명에게 직접 쓴 짧은 손글씨 문구와 함께, 이름을 적고 2만 원씩 넣어 편지 봉투로 전했다.

놀랍게도 직원들은 그 편지를 버리지 않았다. 책상 유리 밑에 끼워두거나, 코팅해서 벽에 붙여두었다. 그들에게 그건 '복사본'이 아닌, '나만을 위한 편지'였기 때문이다.

진심은 길지 않아도 된다. 몇 줄이라도, 한 사람만을 생각했다면, 그건 영혼 있는 메시지다.

명절 인사,

'전달'보다 '기억'을 남기자.

단체 메시지를 보내야 한다면,

그 앞에 이름 석 자,

아니면 한 마디 인칭대명사라도 붙이는 정성,

그게 포인트다.

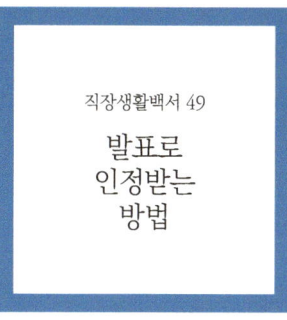

직장생활백서 49
발표로 인정받는 방법

▍ 발표할 때마다 관중을 돼지로 생각하라고?

  발표는 모두에게 어렵다. 사회적으로 성공한 사람들도 많은 청중 앞에서는 긴장하고, 발표 공포증으로 고통을 받는다고 한다. 긴장은 상대방을 너무 의식할 때와 너무 잘하려고 할 때 증가한다. 긴장이 커지면, 실수에 대한 불안감으로 자신감은 저하되며, 결국, 준비한 것의 50%도 못하게 된다.

  직장에서는 사전 미리 준비된 발표라 하더라도 정해진 시간에 청중을 집중시키고 발표 내용을 온전히 이해시킨다는 것은 '달나라'를 가는 것만큼 어려울 수 있다. 청중이 핸드폰을 보거나 졸지 않으면 다행이다.
  따라서 직장에서는 기립박수를 받는 뛰어난 발표를 욕심내기보다는 욕먹지 않을 정도의 무난한 발표를 기대하며 가성비 있게 준비하는 것이 필요하다.

관중을 돼지로 생각하라

청중앞에서 발표를 잘하기 위해서는,

첫째, 상대방을 너무 의식하지 말아야 한다.

많은 청중 앞에서라면 "내 앞에는 돼지가 우글거린다, 돼지 앞에서 내가 왜 떨고 있는가?"라고 생각하면 긴장이 줄어들 수 있다.

높은 상사 앞에서도 마찬가지다.

"이 사람은 곧 퇴직할 사람이다. 이 사람과 지금의 나를 바꾼다면 그건 싫다. 그러면 내가 왜 그 앞에서 떨고 있는가?"라고 생각하면 맘이 편해질 것이다.

둘째, 청중은 당신 말에 집중하지 않는다는 사실을 기억하라.

그들에게 당신은 그렇게 중요한 사람이 아니다. 발표하고 나서 며칠, 몇 달 후까지 당신을 기억하는 사람은 없다. 당신도 마찬가지였던 적을 생각하면 당연하다.

셋째, 당신의 실수는 당신만 기억하고 있다.

'청중이 나의 실수를 오래 기억할 거야' 라는 생각은 착각이다.

심리학에서는 이것을 가용성 편향(Availability Bias)[1]이라고 한다.

사람들은 다른 사람들의 실수를 거의 기억하지 못한다. 내 실수는

---

1) 가용성 편향: 사람들이 정보를 판단할 때 실제 확률보다 쉽게 떠올릴 수 있는 정보에 의존하는 경향
예) 주변에서 복권 당첨자 얘기를 들으면, 복권 당첨 확률이 높다고 착각함

나에게만 크게 보일 뿐이다. 그러니 부담 없이 당신 스스로에게 발표한다고 생각하라. 긴장이 줄어든다.

넷째, 너무 완벽히 하려고 하는 생각을 떨쳐야 한다.
청중은 당신이 스티브 잡스나 설민석 같은 명강사가 되길 기대하지 않는다.
완벽한 연설을 꿈꾸지 말고, 일상적 대화라고 생각하라.

발표 공포증에 관한 처방
발표 공포증은 단순한 마음의 문제가 아니다.
편도체에서 사회적 상황을 위협으로 인식하며 교감신경이 항진되어 신체 반응(심장 두근, 식은땀, 목소리 떨림 등)이 나타나는 '불안장애'의 한 종류다. 발표 전 불안감이 너무 클 경우에는 의사로부터 처방받은 약을 복용하는 것도 실전에서 효과적일 수 있다.

<u>시간 타이밍을 지켜라</u>
직장 내 발표는 대부분 짧은 시간 내에 핵심만 전달해야 한다.
외부강사가 아닌 이상, 직장에서는 보통 한 사람당 5~10분 발표 시간이 주어진다.
-페이지 수를 미리 계산하고, 페이지당 발표 시간을 연습해두자.

마이크는 소리보다 태도다

청중이 당신의 발표를 소음처럼 느끼지 않도록 자신의 마이크 소리를 귀로 듣자.

즉, 마이크와의 적정거리를 유지하고, 발표 중 내목소리를 모니터링하면서 음성톤을 조절하라

마이크는 발표 전에 미리 체크해두거나, 손가락으로 살짝 마이크를 두드려보자.

또한, 발표자용 마이크를 중간에 꺼버리면 다음 발표자가 마이크 꺼진 줄 모르고 말하다 망하는 사태가 생긴다. 발표 끝까지 마이크는 켜 두자.

PPT의 작성과 발표 방법

키워드 중심, 스토리 구조로 구성하라.

페이지 수는 많고, 페이지당 발표 시간은 짧게 (1분 미만)

텍스트만 쓰지 말고 시각 자료, 영상을 활용하자.

공간이 넓은 회의장에서는 스크립트를 읽을수도 있지만, 작은 회의실에서는 스크립트를 읽지 말고, 눈을 맞추며 대화처럼 발표하라.

*프롤로그와 에필로그를 넣어라

프롤로그(도입)는 청중의 호기심을 유발하도록 주제와 관련된 가벼운 에피소드로 시작하고,

에필로그(마무리)는 한 줄 요약, 다짐의 말, 명언 등을 활용하자.
예: 찰스 다윈의 명언 "끝까지 살아남는 자는 강한 자도, 똑똑한 자도 아닌, 변화하는 자다."

> 발표의 실력은 완벽한 내용보다
> 불안과 긴장을 줄이는 전략,
> 그리고 청중과의 거리감을
> 줄이는 자세에서부터 시작된다.
> 내 발표를 나 스스로에게 들려준다는 마음으로,
> 자신을 응원하며 자가최면을 걸자.

직장생활백서 50

인맥과 평판 레버리지

직장에는 보이는 힘과 보이지 않는 힘이 있다. 보이는 힘은 보직이고, 보이지 않는 힘은 인맥과 평판이다.

"지금까지 성공한 모든 사람의 특징을 한 가지로 요약한다면, 바로 인간관계를 만들고 그것을 풍성하게 하는 능력이다."
– 《목마르기 전에 우물을 파라, 하비 멕케이》

인맥은 곧 가능성이다

혼자 힘으로 성공하는 사람은 없다. 인맥은 든든한 빽이고, 보증수표다.

인맥이 예상 밖의 기회를 가져오고, 프로젝트도, 승진도, 외부 기회도 인맥에서 비롯되기도 한다. 요즘 유행하는 NQ(Network Quotient)는 단순한 연줄이 아니라, 함께 잘 되자는 공존의 개념이다. 탈무드식 인맥관리가 직장 내에서 NQ를 높이는 열쇠가 될 수 있다.

탈무드식 인맥관리라는 게 있다. 신뢰를 기반으로 베풀고 연결하며 오래 가는 관계를 만드는 기술이다. 단순한 인간관계를 넘어서 '서로에게 이익이 되는 관계'를 오래도록 유지하는 것을 중시하는 것이 특징이다. 우리의 인맥 관리도 이러해야 하지 않을까?

평판은 눈에 안 보이지만 강력하다

평판은 말 없는 메신저다. 당신을 대신해 기회를 만들고, 당신의 일을 술술 풀리게 만들고, 직장에서 날개를 달아준다. 그런데 평판은 본인만 모른다는 게 문제다.

그래서 예전 동료들의 말 한마디, 후배와 선배들의 기억이 중요하다. 평판은 뒤늦게 따라온다.

평판이 안 좋은 상사의 말로

E팀장: "누가 생각하라고 했어?", "내 얘기부터 들어요!"

→ 신입들의 입을 닫게 만들고, 말 많은 술자리의 안주가 됨

C부장: 종처럼 사람을 대하다가, 은퇴 후 누구도 찾지 않음

→ 회사에서 적만 남기고 쓸쓸히 퇴장

잠깐 차는 완장에 도취되어 사람들을 놓치면, 결국 혼자가 된다.

"그 사람 어때요?"에 대한 피드백이 전부다.

K는 동료의 승진을 위해 사람들에게 '잘 봐달라'고 부탁하지만, 돌아오는 피드백은 부정적이다. 같이 근무했던 사람, 동문, 상사와 후배 모두가 좋지 않게 본다면, 그 누구도 도와주기 어려운 것이다.

꼰대의 귀띔

좋은 인맥은 힘이 되고,

좋은 평판은 스펙이 된다.

성공한 회사원의 진짜 능력은

"그 사람 어때요?"라는 질문에

사람들이 뭐라고 대답하는가에 달려 있다.

참고

> ⟨탈무드 인맥관리 15계명⟩
>
> 지금 힘이 없는 사람이라고 우습게 보지 마라.
> – 나중에 큰 코 다칠 수 있다.
>
> 평소에 잘해라.
> – 평소에 쌓은 공덕이 위기 때 빛난다.
>
> 네 밥값은 네가 내고, 남 밥값도 네가 내라.
> – 기본은 자기 몫. 남이 내는 것을 당연하게 여기지 마라.
>
> 고마우면 고맙다고, 미안하면 미안하다고 큰소리로 말해라.
> – 마음으로만 생각하는 것은 인사가 아니다.
>
> 남을 도울 땐 화끈하게 도와줘라.
> – 흐지부지하거나 조건을 달지 마라.
>
> 남의 험담을 하지 마라.
> – 험담할 시간에 그냥 직접 건너 뛰어라.
>
> 회사(직장) 바깥 사람도 많이 사귀어라.
> – 내부 인맥에만 의존하면 우물 안 개구리가 된다.

불필요한 논쟁을 하지 마라.
- 직장은 학교나 토론장이 아니다.

회사 돈이라고 함부로 쓰지 마라.
- 작은 부정이 치명적 실수로 돌아온다.

남의 기획을 비판하기 전에 네가 쓴 기획서를 떠올려 봐라.

가능한 한 옷을 잘 입어라.
- 외모는 생각보다 훨씬 중요하다.

조의금은 많이 내라.
- 슬픔에 민감해진 이에게는 작은 금액도 큰 위로다.

수입의 1% 이상은 기부해라.
- 마음이 넉넉해지면 얼굴빛까지 밝아진다.

수위 아저씨, 청소부 아줌마에게 잘해라.
- 이들은 정보의 출처이자 인간성 테스트 척도다.

옛 친구들을 챙겨라.
- 새로운 네트워크를 만들다 보면 기존의 자산을 잃기 쉽다.

> 직장생활백서 51
>
> # 불리하면 '프레임'을 바꿔라

어쩌면 우리는 사실보다 '어떤 틀'로 보여지는지에 더 크게 반응하고 있는 것인지도 모른다.

직장생활을 오래 하다 보면 가끔 억울한 순간이 생긴다. 똑같은 일을 해도 누군가는 박수를 받고, 누군가는 "그게 뭐 대단하냐"는 말을 듣는다. 때로는 분명 좋은 의도로 한 일인데도 오히려 욕을 먹기도 한다. 사람들은 왜 이렇게 다르게 반응할까? 어쩌면 우리는 사실보다 '어떤 틀'로 보여지는지에 더 크게 반응하고 있는 것인지도 모른다.

회사에서 진행한 어느 프로젝트 회의. A팀은 "이건 우리 부서가 맡기엔 너무 벅찬 일입니다"라며 난색을 표했지만, B팀은 "저희가 도전해보겠습니다. 이건 단순한 일이 아니라, 미래를 준비하는 실험이라고 생각합니다"라고 말했다. 결국 같은 일을 두고, 누군가는 부담스러운 '잡일'로, 누군가는 '미래를 여는 과제'로 받아들였다. 당연히 B팀이 주목을 받았고, 연말 성과평가도 훨씬 좋았다.

이런 게 바로 프레임의 힘이다.

프레임 전환의 비밀

프레임(Frame)은 우리가 세상을 바라보는 창과도 같아서, 같은 사실도 어떤 렌즈를 통해 보느냐에 따라 전혀 다르게 해석된다. 이걸 '프레임 전환'이라고 한다.

한때 정부는 '지구온난화'라는 말을 '기후변화'로 바꿨다. '온난화'는 따뜻해지는 느낌이라 심각성이 잘 느껴지지 않았지만, '기후변화'는 폭염, 한파, 태풍까지 포함된 표현이었다. 같은 현상을 이름만 바꿨을 뿐인데 사람들의 위기의식이 확 달라졌다. 이런 언어의 프레임 전환은 정책도, 인식도, 세상의 흐름까지 바꾸곤 한다.

광고에서도 마찬가지다.

스웨덴에서는 "비누처럼 쓸 수 있는 팩"이라고 소개했더니 소비자들이 "팩치고는 저렴하다", "간편하다"며 좋아했다. 같은 제품인데도 "팩 같은 비누"로 말했을 때는 "왜 이렇게 비싸?"라며 외면당했었다. 결국, 제품을 바꾼 게 아니라 말의 틀을 바꾼 것이었다.

직장에서도 마찬가지다.

K부장은 정부 공모사업에 '후보조차 되기 어려운 프로젝트'를 맡았다. 내부에서도 시큰둥했다. 그런데 그는 불리한 조건을 정면돌파 하지 않고, 프레임을 살짝 바꾸었다. "우리가 제안하는 건 하나의 완성형이 아니라, 정부가 원하는 '실험형' 시범도시다. 그러니 아직 덜 완

성된 게 오히려 장점이다."

누군가의 단점이, 관점을 바꾸자 장점이 되었다. 결국 그 사업은 선정되었고, 내부에서도 "설득의 마법사"라며 그를 다시 보기 시작했다.

우리는 자주 불리한 싸움터에 서게 된다. 내게 유리하지 않은 자료, 사람들 시선, 선입견, 지난 실수들. 그런데 그걸 있는 그대로 받아들이기만 하면, 게임은 이미 진다.

그럴 땐 먼저 판을 바꿔야 한다.

내가 유리한 링을 만들고, 내 시선의 언어로 설명하고, 사람들의 관점을 유도해야 한다. 프레임은 싸움의 무기가 아니라, 전장의 무대 자체이기 때문이다.

불리한 상황에 갇혔다면 '프레임'을 바꿔라.

프레임 전환은 말의 순서,

표현 하나로도 가능하다.

같은 일을 다르게 말하는 사람에게 결과는 더 크게 온다.

*프레임 전환 사례

- 세금정책 : 미국 공화당의 '세금감면' vs 미국 민주당의 '부자 감세'
(공화당은 감세가 기업의 투자와 일자리 창출을 유도한다고 주장. 반면, 민주당은 부자 감세가 사회적 불평등을 악화시키고, 서민복지축소로 이어진다고 비판)

- 환경정책 : '기후변화' vs '지구온난화'
(과거에는 지구온난화라는 중립적 용어를 사용하여 표현. 최근 기후변화라는 용어를 사용하여 불볕더위, 한파, 태풍 등 다양한 기후 현상을 포함하는 개념으로 프레임 변화. 프레임 전환 덕분에 기후위기에 대한 경각심이 더 퍼지었음.)

- 전쟁 인식 : 전쟁 vs 특별군사작전
 (러시아는 2022년 우크라이나 침공을 전쟁이 아닌 특별군사작전으로 표현함. 이는 국민에게 전쟁이 아니라 제한적인 군사작전이라는 인식을 심어 반발을 줄이려는 전략. 반면, 우크라이나와 서방 국가들은 이를 '침략'으로 규정해 국제사회의 지지를 유도.)

- 경제정책 : '최저임금 인상' vs '소득증대'
(임금인상을 반대하는 측에서는 '최저임금인상→기업부담증가→일자리감소'라는 프레임을 강조. 반면, 찬성 측에서는 '소득증대→소비증가→경제성장'이라는 긍정적 프레임을 강조.)

- **건강식품 : '다이어트' vs '참살이'**
(과거 체중감량을 강조하는 다이어트 프레임이 주를 이룸. 최근에는 건강한 생활방식을 강조하는 '참살이(Well-being)'이나 균형 잡힌 '라이프스타일'로 프레임 전환)

- **번외인식 : 소년범죄 vs 촉법소년범죄**
(소년범죄라고 하면 가해자의 책임을 강조하는 프레임. 반면, '촉법소년 문제'라고 하면 제도적 개선이 필요한 사회적 이슈라는 프레임. 같은 현상이지만 문제를 개인의 잘못으로 볼 것인지, 사회적 해결책이 필요한 사안으로 볼 것인지에 따라 대응 방식이 달라짐.)

직장생활백서 52

예스맨이 되지 마라

> 사람들이 '맞습니다'라고 말하는 게 동의가 아니라,
> 회피였다는 걸 뒤늦게 알게 된다.'

 E부장은 부하직원들에게 무언가를 지시할 때마다 "이건 이렇게 해보는 게 어때요?"라고 의견을 물었다. 그런데 이상하게도 직원들은 항상 "좋습니다!", "네, 알겠습니다!"라고만 대답했다. 처음엔 '내 제안이 설득력이 있어서 그런가?' 싶었지만, 시간이 지나면서 K부장은 뭔가 허전했다. 의견은 묻지만, 누구도 반대를 하지 않는다.

 그러다 일이 꼬였다. E부장이 추진한 프로젝트가 외부 평가에서 혹평을 받았고, 막상 실행 단계에서 여러 문제점이 터지기 시작한 것이다.

 그제야 직원들이 조심스럽게 말했다.
 "사실 저도 이 방향이 좀 걱정되긴 했는데…"
 "그때 말할까 하다가 분위기상 그냥 넘어갔습니다."
 그 순간 E부장은 깨달았다.

"아, 내 곁엔 '예스맨'만 남았구나."

사람들이 '맞습니다'라고 말하는 게 동의가 아니라, 회피였다는 걸 뒤늦게 알게 된 것이다.

듣는 리더와 용기 있는 팀원

조직에서 반대 의견을 낸다는 건 쉽지 않다.

말 한마디 잘못했다간 '꼬인 사람', '군기 빠진 신입', '꼰대'라는 딱지가 붙는다. 분위기 깨는 사람, 팀워크 해치는 사람이라는 프레임도 씌워진다. 그러다 보니 "이건 아닌 것 같아요"라는 말 한마디가 그 어떤 업무보다 어렵고, 무겁다.

그래서 많은 사람들은 '예스'를 선택한다.

하지만 조직이 오래 살아남기 위해선, 진짜 필요한 건 "아니요"라고 말할 수 있는 사람이다.

예전에 본부장 회의에서 A차장이 다른 팀장들의 결론에 반대 의견을 냈다.

그 회의는 이미 결론이 거의 났고, 다들 끄덕이는 분위기였다. 그런데 A차장은 조심스럽지만 단호하게 말했다.

"이 방식은 수치상으론 맞지만, 실제 현장에선 오히려 혼란이 더 커질 겁니다."

모두가 긴장했다.

하지만 본부장은 오히려 미소 지으며 말했다.
"좋아요. 이런 소리는 꼭 필요합니다. 의견을 내줘서 고맙습니다."
그 후 그 본부장은 사내에서 '듣는 리더'로 불렸고, A차장은 실력뿐 아니라 용기 있는 직원으로 인정받았다. 그리고 무엇보다, 그 조직은 더 유연하고 건강해졌다.

우리가 기억해야 할 것은 하나다.
무조건 반대하는 것도 문제지만, 무조건 동의하는 건 더 큰 문제라는 것.
예스맨이 조직의 윤활유 같아 보여도, 결국 잘못된 방향으로 몰고 가는 '가속페달'이 될 수 있다.
반대는 상대를 꺾기 위한 것이 아니라, 함께 더 나은 길을 찾기 위한 제안이 되어야 한다.
"이건 아닌 것 같습니다"가 아니라,
"이렇게 하면 더 좋아질 것 같습니다"라고 말하는 방식.
이것이 반대의 기술이다.

꼰대의 귀띔

'예스'만 외치는 조직은 위험하다.

반대는 비난이 아니라,

더 나은 선택을 위한 협업이다.

반대 의견을 제시할 땐 대안까지 제시하라.

그게 기술이다.

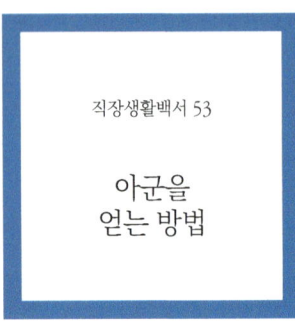

직장생활백서 53

아군을 얻는 방법

| 누구나 자기 이야기에 귀 기울이는 사람에게 끌리게 된다.

 심리학자 프로이트는 인간의 기본 욕구 중 하나를 '타인으로부터 인정받고 싶은 욕구'라고 했다. 직장에서 누군가를 칭찬하는 것은 그 사람을 인정하는 것이고, 이는 가장 확실한 아군을 얻는 방법이다.
 K는 옆 부서 실장에게 자료검토를 부탁하며 "실장님은 이 분야 전문가시잖아요"라고 말한다. 실장은 그 말 한마디에 기분이 좋아지고, K의 요청은 우선순위가 된다. 사람은 인정받는 순간, 자연스레 마음을 열게 되어 있다.

상대방의 관심사에 관심을 가져라
 사람은 누구나 자기 이야기에 귀 기울이는 사람에게 끌리게 된다. 상대방이 관심 갖는 주제, 최근 겪은 일, 과거의 경력 등을 미리 알고 대화를 나누면 자연스럽게 신뢰가 형성된다.
 K는 본사 고위 간부와 회식 전에 그 사람의 업무 이력, 과거 발언,

담당 프로젝트를 미리 파악해 화제를 준비한다. 대화가 술술 풀리고, 이후 K는 간부의 '마음에 드는 후배'가 된다.

고객에게는 작은 실수에도 사과하고 최선을 다한다. 그런데 왜 동료에게는 무심한가? 직장 동료도 인생의 중요한 '내부 고객'이다.

X는 필요할 땐 동기에게 자료를 요청하면서 정작 남이 요청하면 외면했다. 시간이 지나자 X는 모두에게 외면받는다. 고객처럼, 가족처럼 동료를 존중하라. 그게 결국 나를 지켜주는 울타리가 된다.

사소한 감동을 줘라

커피 한 잔, 메모 한 줄, 칭찬 한 마디. 큰 것이 아니어도 사람의 마음을 움직일 수 있다. 출장길에 생수 하나 챙겨주는 센스, 아침 출근길에 보인 따뜻한 말 한마디가 '아, 이 사람 괜찮네'를 만든다. 감동은 거창하지 않다. 다만, 작은 배려를 기억하는 마음에서 시작된다.

사람은 완벽한 사람보다, 인간미 있는 사람에게 끌린다. 강한 사람보단 편한 사람이 좋고, 가진 사람보단 나누는 사람이 좋다.

C는 잘난 사람이었다. 카리스마, 실력, 경력 모두 완벽했다. 그런데 주변엔 속 얘기할 사람이 없었다. 너무 완벽해서 불편했기 때문이다. 하지만 조금의 허술함, 가벼운 실수는 사람을 편하게 해준다. 적당히 허당인 사람이 결국 사람을 모은다.

눈을 맞추고 고개를 끄덕여라

눈을 맞추는 건 "당신에게 집중하고 있어요"라는 신호다. 고개를 끄덕이는 건 "당신 말에 공감하고 있어요"라는 메시지다.

회의 도중 휴대폰을 자꾸 보는 직원과 눈을 마주치며 고개를 끄덕여 주는 직원 중, 누구와 더 일하고 싶겠는가? 눈 맞춤과 리액션은 가장 쉬우면서도 가장 강력한 신뢰의 제스처다.

밥에게도 말을 하면 곰팡이 모양이 달라진다. "고맙다"는 말에는 뽀얀 곰팡이가 피고, "짜증 나"는 말에는 썩은 곰팡이가 핀다. 사람도 마찬가지다.

부정적인 말은 주변을 시들게 한다. "왜 이렇게밖에 못 해?" 대신 "괜찮아, 이 정도면 잘했어"라고 말해 보자. 세상은 말을 닮는다. 말은 사람을 바꾼다.

가끔 후배에게 쿨하게 써라

법인카드 아끼려다 사람 잃는다. 작은 커피 한 잔, 영화 한 장, 기프티콘 하나가 누군가에겐 오래도록 남는 기억이 된다.

출장길, 직원이 아이스커피를 사다 주었더니 "나는 레몬주스 마시는데…"라고 했던 부장. 그날 커피는 쓰레기통에 버려졌고, 후배에게 인색한 그 부장은 몇 년 후까지도 뒷담화의 주인공이 되었다.

사람의 마음은 계산보다
감정에 반응한다.
작은 먼저의 태도 하나가
평생의 아군을 만든다.
당신이 먼저 손을 내밀면,
세상은 당신을 아군으로 기억할 것이다.

직장생활백서 54

공중에 떠버린 말들의 운명

> 직장에서는 종종 언어가 소통을 가로막는다. 말은 했는데, 들리지가 않는 것이다

X는 댐 수면 위 수상태양광 사업을 추진하면서 인근 주민들과의 협조를 이끌어내기 위해 사업설명회를 연다.

"SPC는 설립이 완료되었고요. 세전 수익률은 7.8%, 세후 수익률은 5.6% 수준입니다. 이후 발생 수익은 원리금 상환 후 분배됩니다."

하지만 노인 주민들의 반응은 냉담하다.

"그래서, 우리가 얼마를 투자하면 한 달에 얼마를 받는다는 거요?"

결국, 사업 설명은 공중에 떠버린 말이 되고 만다.

당신 말이 외계어 같아요

직장에서는 종종 언어가 소통을 가로막는다. 말은 했는데, 들리지가 않는 것이다. 전문 용어나 기술적 설명은 설명하는 사람에게는 당연하지만, 듣는 사람에게는 낯선 외계어일 뿐이다. 아무리 좋은 사업, 아무리 정교한 기술도 상대방이 이해하지 못하면 아무 소용이 없다.

실리콘밸리의 창업자들은 늘 어린 학생이나 관련 없는 일반인에게 자신들의 기획을 설명하며 테스트한다. "이 아이가 이해할 수 없다면, 세상도 이해하지 못한다." 이것이 그들의 기준이다. 설명은 지식이 아니라 공감의 기술이며, 전달이 아닌 이해의 방식이다.

댐 현장에서 손님에게 이렇게 말한다면 어떨까?
"저수용량은 8억1천5백만 톤입니다."
→ "이 댐은 전국에서 다섯 번째로 큰 댐이에요."

"유역면적은 930㎢입니다."
→ "서울 면적의 1.5배 되는 상류의 물이 이 댐으로 모이죠."

"발전용량은 26,200kW입니다."
→ "약 7만 5천 명이 1년 동안 쓸 전기를 만들어냅니다."

"댐 형식은 CFRD입니다."

→ **"흙과 돌로 만든 댐인데, 물이 새지 않도록 콘크리트로 겉을 덮은 구조에요."**

전문적인 언어가 전문가끼리의 소통에 도움 되는 것은 사실이다. 그러나 대부분의 보고, 설득, 홍보는 비전문가를 대상으로 이뤄진다. 댐을 한 번도 직접 본 적이 없는 기획재정부 사무관에게 '무효 방류량'을 설명하려 했을 때, "바다로 흘러가서 못 쓰는 물"이라 하니 비로소 고개를 끄덕였다. 전문성이란 전달되는 순간에야 비로소 의미를 가진다.

감성 언어가 숫자를 이긴다

'스틱'이라는 책에는 두 가지 기부 요청 편지가 나온다.

하나는 "아프리카에서 300만 명의 아이들이 기아에 시달립니다. 최근 폭우로 생산량은 42% 감소했으며…" 식의 통계 중심 설명

다른 하나는 이렇다.

"여러분의 기부는 지금 식사를 하지 못해 고통받는 아프리카 소녀 '로키아'의 생명을 살릴 수 있습니다."

결과는? 로키아의 이야기를 담은 후자에서 기부금이 2배 이상 많았다.

한국의 광우병 논란도 마찬가지다. 정부는 확률과 과학적 근거만을 강조했지만, 국민은 "불안하다"는 감정을 말하고 싶었다. 정부는 정보를 줬고, 국민은 감정을 기다렸다. 그때 필요한 건 논문이 아니라 공감이었다.

언어는 기술이 아니라 다리다. 이해라는 섬을 잇는 다리.

그리고 진정한 소통은 그 다리를 건너 상대방 쪽으로 가는 일이다.

상대방의 언어로 말하는 것, 그것이 말의 온도를 높이는 유일한 방법이다.

"소통은 내 언어로 말하는 게 아니라,
상대의 언어로 내 마음을 전하는 것이다."

> 직장생활백서 55
>
> 아무것도
> 하지 않는 자,
> 아무 일도 없다

아무것도 하지 않으면 아무 일도 일어나지 않는다.
그런데 우리는 종종 아무것도 하지 않으면서도 무언가 좋은 일이 벌어지길 기대한다.

 심리학자 토머스 길로비치는 "사람은 한 것보단 하지 않은 것을 더 많이 후회한다"고 했다. 중국의 한 연구 결과에 따르면, 과거의 사진을 보며 추억을 떠올리는 것만으로도 미래의 에너지와 활력이 살아나고, 심지어 물리적 통증까지 완화된다고 한다. 결국 사람은 밥만 먹고 사는 게 아니라, 추억을 먹고 산다는 말이 사실인 셈이다.

 성공 경험이 있는 사람일수록 또다시 성공할 확률이 높다. 자신이 해냈다는 경험이 자기 효능감을 만들어내기 때문이다. 심지어 실패한 경험이라도, 그것이 함께 고생한 동료와의 추억으로 남는다면 미래를 살아가는 힘이 된다. 그래서 꼰대들이 자꾸 과거를 소환하는 것이다. 지나간 시간을 떠올리며 버틸 힘을 얻기 때문이다.

해보면 뭔가 생긴다

소설가 김영하는 이렇게 말했다.

"치매는 과거를 기억 못 하는 것이 서러운 것이 아니라, 미래에 뭘 할지를 모르는 것이 서러운 것이다."

직장도 마찬가지다. 조직의 미래 비전과, 개인의 삶에 대한 계획이 있어야 출근길이 가볍다. 실패를 두려워 말고, 해보는 것이다. 해보면 뭔가 생긴다. 안 하면 아무 일도 생기지 않는다. 그리고 우리는 결국 '안 했던 것'을 후회하게 된다.

X는 매사 보수적인 스타일이다. 무언가 할까 말까 고민할 때, "성공 확률이 51% 이상은 되어야 한다"고 말한다. 조금이라도 스크래치 날 일은 처음부터 하지 않겠다는 입장이다. 하지만 회사는 다르다. 기업은 50% 이하의 불확실 속에서도 승부를 걸 수 있어야 한다. 왜냐하면, 안 한 것에서 후회는 시간이 지날수록 커지기 때문이다.

이미 퇴직한 H 선배는 평생 승진에 진심이었던 사람이다. 후배들 사이에서는 승진은 사실상 불가능하다고 여겨졌지만, 그는 "내일 당장 퇴직하더라도, 나는 끝까지 노력의 끈을 놓지 않는다"고 말하며 정년까지 최선을 다했다. 결국 그는 원하는 자리까지 오르지는 못했지만, 퇴직하면서도 말한다.

"후회는 없다. 최선을 다했으니까."

고졸 계약직으로 입사해 차장까지 올라간 K는 입사 30년이 넘은 지금도 부장, 부서장 진급을 목표로 일한다. 육아와 병행하며 학위도 취득했고, 누구보다 성실하게 하루하루를 보낸다. 그녀가 진짜 이룬 건 승진이 아니라, 포기하지 않는 사람이라는 긍정적 평판이다.

필자는 정부의 스마트시티 국가시범도시 정책사업에 참여할 때, 당초 5%의 확률로 시작하여 150%의 성과를 거둔적이 있었다. 당시 나에게 5%의 확률은 "5%밖에가 아닌 5%씩이나"라며, 이는 단지 시작점일뿐, 불가능이 아니라는 희망을 주었다. 진짜 승부는 그 뒤의 태도로 갈린다고 믿었기에 뭐든 할 수 있었고, 그래서 성공할 수 있었다.

지금은 필자의 가장 큰 과거 추억이자 희망의 에너지가 되고 있다.

"이 나이에 뭘 하겠냐"며 주저앉기엔 아직 이르다.

오늘은 앞으로 남은 인생에서 가장 젊은 날이다.

지금 무언가를 시작한다면, 미래의 당신이 고마워할지도 모른다.

> 직장생활백서 56
>
> ## 일만 했을 뿐인데 인맥이 줄줄이 생기네

| "만남은 인연이지만, 관계는 노력이다."

 직장에서 누군가를 만나는 건 어쩌면 우연일 수 있다. 하지만 그 우연을 관계로 이어갈 수 있느냐는 순전히 본인의 선택과 노력에 달렸다. 그리고 그 관계는 언제나 업무의 스펙트럼을 통해 시작된다.
 업무 범위가 좁은 사람은 만나는 사람도 한정되어 있다. 늘 하던 일, 익숙한 일, 익숙한 사람들과만 반복되는 하루는 세상은 커도 세상처럼 느껴지지 않는다.
 반대로, 이것저것 손을 대보는 사람은 자연스럽게 사람도 넓게 만난다. 일이 사람을 데려오고, 사람은 또 다른 기회를 데려온다. 일의 스펙트럼이 넓은 사람은, 인맥의 지도도 입체적이다.

사람을 불러오는 사람, 밀어내는 사람

K는 평소 이것저것 다양한 업무를 자처하는 스타일이다. 필요한 일이면 소속과 무관하게 기꺼이 손을 걷어붙인다. 업무로 엮인 사람은 부서, 직위, 직종을 가리지 않는다.

어느 순간부터 핵심부서의 주요 실무자들, 임원 라인, 본사 핵심 인사들과 자연스럽게 엮이고, 그는 정보에 밝고, 업무 속도는 빠르고, 결국 승진도 남들보다 빠르다.

사람들은 말한다. "쟤는 확실히 발이 넓어." 반면 X는 늘 일의 경계선을 따진다.

애매하게 걸쳐있는 일은 내 일이 아니다라며 타부서로 돌린다. 신규 업무는 무조건 핑퐁.

상사는 알게 된다. '쟤는 일을 골라서 한다.'

결국, 중요하거나 민감한 일은 주어지지 않고, 소규모 단순 업무만 맡게 된다. 자연스레 사람의 폭도 좁아지고, 인맥도 단절된다.

한 우물만 파는 시대는 지났다

필자는 과거, 댐 관련 기술 업무만 맡았다. 기술직 인맥만 남았고, 다른 부서와의 교류는 거의 없었다. 세상은 기술직만 있는 줄 알았다. 그러던 중 기획조정실로 옮긴 뒤, 전혀 다른 세상을 보게 됐다. 정책, 기획, 예산, 대외 협업, 홍보 등 수많은 부서, 다양한 직종의 사람들과 일하면서 비로소 느꼈다.

"아, 회사는 넓고, 사람은 더 넓구나."

회사는 '다방면으로 일할 줄 아는 사람'을 좋아한다. 회사에서 직원의 직무확대(Job Enlargement)는 단지 능력 배치가 아니다. 인적자원의 가치, 다방면의 역량, 향후 리더십을 검증하는 과정이다. 기술자가 사업기획뿐 아니라 품질관리도 해보고, 자재관리도 해보는 것. 행정직이 조직관리뿐 아니라 대외업무, 사업관리까지 경험해보는 것. 이 모든 것이 조직에겐 리스크 분산이지만, 개인에겐 기회 확장이 된다.

스페셜리스트 vs 제너럴리스트

이제는 '한 가지 전문성'만 갖고는 부족한 시대다. 한 분야의 깊이보다, 여러 분야의 연결이 더 힘이 되는 시대. 융합과 협업, 크로스오버가 중심이 된 지금, 스페셜리스트보다 제너럴리스트가 빛난다. 그런 의미에서 업무의 스펙트럼을 넓히는 것은 지금 당장 나의 편한 업무를 내려놓고, 낯설고 번거로운 일에도 기꺼이 한 발 내딛는 것에서 시작된다.

일이 사람을 데려온다.

일의 폭이 넓을수록,

인맥의 뿌리도 깊어진다.

> 직장생활백서 57
> 요령 있게
> 일한다는 것의
> 의미

아리스토텔레스는 모방을 창조의 어머니라 했다. 단순한 베끼기가 아니라, 남의 것을 내 것으로 바꾸는 능력이다.

직장생활이란 게 다 그렇다. 열심히만 해서 되는 게 아니고, 또 요령만 부려서도 안 된다. 진짜 능력자는 일머리를 알고, 눈치껏, 그리고 조용히, 내면에서 요령을 품고 있는 사람이다. 겉으론 묵묵한데, 속으론 '아, 이렇게 하면 되는구나'를 알고 있는 사람. 그런 사람이 결국 일을 잘하게 된다.

이해 안 되는 건 몰래 녹음하라

"똑같이 들었는데, 왜 너는 그렇게 이해했어?"

회의나 보고가 끝난 뒤 종종 이런 말이 오간다. 왜냐면 말은 텍스트로 바꾸는 순간, 70%의 정보가 사라지기 때문이다. 말의 내용보다 어조, 침묵, 강조, 리듬 같은 비언어적 신호가 훨씬 더 많은 걸 말해준다.

한때 K는 외부출신 사장의 스타일을 이해하지 못해 늘 곤란했다. 똑같이 들은 것 같은데, 자료를 들고 가면 "이게 아니잖아"라는 핀잔이 돌아왔다. 고민 끝에 K는 몰래 녹음했다. 반복해 듣고 나니, 처음에는 들리지 않던 진심과 뉘앙스가 숨어 있었다.

그는 '사장의 진짜 말'을 알아듣기 시작했고, 어느 날부터 보고가 칭찬으로 끝났다.

비서실이 녹음 사실을 알게 되어 경고를 받았지만, 사장이 있을 때까지 K는 조용히, 속으로 계속 그를 이해하고 있었다.

당신의 가치를 디자인하라 - ppt, 포토샵은 기본

보고서는 내용도 중요하지만 보는 맛도 중요하다. 이건 겉멋이 아니다. 상대의 이해를 돕기 위한 시각적 배려다.

깔끔한 도표 하나, 색감 맞춘 그래프 하나, 일러스트 몇 컷이 전달력을 3배 이상 끌어올린다. 요즘 상사들은 눈이 높다. PPT는 기본, 간단한 포토샵 스킬은 당신을 전문가처럼 보이게 한다.

몰래 배운 기술은 필요할 때 빛을 발한다. 포장지를 뜯는 순간, 제품의 가치는 달라진다.

창조는 모방에서 시작된다

"창의력은 모방의 늪에서 피어난다."
아리스토텔레스는 모방을 창조의 어머니라 했다.

여기서 모방이란, 단순한 베끼기가 아니라, 남의 것을 내 것으로 바꾸는 능력이다. 그 첫걸음은 자료를 수집하고 정리하는 것이다.

인터넷, 유튜브, 보고서, 회의록, 심지어 사내메일까지—자료는 늘 주위를 맴돈다. 다만 누가 그것을 몰래, 미리, 맘속으로 쌓아두느냐에 따라 일이 쉬워지기도, 버겁기도 하다. 당신만의 자료 폴더는 결국, 당신의 실력 폴더가 된다.

직장 상사 중, 마음을 전부 말로 표현하는 사람은 드물다. 본인 머릿속에 있는 생각의 절반도 못 꺼내는 경우가 많다. 문제는, 그 말을 듣고 해석하는 부하 직원도 절반밖에 못 알아듣는다는 것.

결국 100% 중, 20~30%의 메시지만 실제 전달된다. 이쯤 되면 보고서는 왜 늘 다시 쓰게 되는지, 이유는 뻔하다.

그래서 상사의 말을 의심하고, 묻고, 정리하고, 다시 확인해야 한다. "이 말씀이 이런 뜻인가요?"라고 되물으면, 싫어할 상사는 거의 없다.

상대방과의 거리도 마음이다. 술 한잔, 커피 한잔, 같이 담배 한 대 피우는 사이. 말하지 않아도 알겠지?

그건 직장에서는 환상일 뿐이다.

좋은 보고서엔 질문이 없다

보고서는 결국, 대화 없는 소통이다. 보고서가 말을 한다면, "이해되셨죠?"라고 말해야 한다.

하지만 대부분의 보고서는 "내가 쓴 이 문장, 너희가 해석해봐"라는 태도를 품는다. 보고서에 물음표가 생기면, 그건 독자의 탓이 아니다.

A차장은 '펌프 교체를 통한 SWG[1] 실현'이라는 난해한 문장을 'SWG 실현을 위한 펌프 교체'로 바꾸는 데 3일이 걸렸다.

B대리는 멋진 말과 그래프를 다 넣었지만, "그래서 뭐가 어떻게 되는 거야?"라는 질문을 피할 수 없었다.

좋은 보고서는 '요약해도 빠지는 게 없고, 설명 없이도 이해되는 것'.

그런 보고서를 만들고 싶다면, 좋은 보고서를 자꾸 읽고, 써 보고, 고민하고, 줄이고, 또 줄이는 것밖에 없다. 남몰래, 맘속에서 몇 번이고 뜯어보면, 그 글은 결국 빛을 발하게 된다.

> 요령은 결국 기술이 아니라 태도다.
> 조용히 분석하고, 묻고, 배우고, 정리하는 사람.
> 남이 보지 않을 때 몰래 노력한 사람.
> 그런 사람만이 '요령 있는 사람'이 된다.

---

1) SWG(Smart Water Grid) : IT기반의 스마트 물공급 기술

직장생활백서 58

내 옆자리 소시오패스

> '사이코패스는 뉴스에서 보고, 소시오패스는 옆자리에서 겪는다.'

심리학자 마샤 스타우트는 저서에서 이렇게 말했다.
"소시오패스는 늘 우리 곁에 있다. 당신이 그들을 몰랐을 뿐이다."
직장에서 유독 이상하게 피곤한 사람이 있다.
항상 말 한마디에 사람 기분을 상하게 하고, 잘못은 남 탓하며, 뭔가 이상한데… 정작 표면적으로는 멀쩡하고 심지어 상사에게는 평판도 좋다.
그 사람, 어쩌면 소시오패스일지도 모른다.

사이코패스와 소시오패스

사이코패스는 태생적이다. 감정을 조절하는 뇌 구조의 결함 때문에 사회적으로 섞이기 힘들고, 충동적 범죄를 저지를 확률이 높다.

하지만 소시오패스는 환경이 만든 괴물이다. 감정은 있으나, 공감이 없다.

다른 사람의 아픔을 보고도 그저 도구로 생각하고, 상대의 감정을 교묘히 이용하며, 죄책감 없이 거짓과 조작을 일삼는다. 하지만 외면은 정중하고 깔끔하다. 그래서 더 무섭다. 통계적으로 인구의 4%가 소시오패스라면, 한 부서에 25명만 있어도 한 명쯤은 있을 수 있다. 그렇다. 그는 당신의 옆자리일 수 있다.

조용한 폭력

X는 착한 사람을 괴롭히는 데 일가견이 있다.

눈빛은 늘 부드럽고, 말투는 정중하지만, 직원들을 향한 태도는 냉혹했다.

자신의 이익을 위해 누군가를 고의로 바보 만들고, 다른 팀원들을 가스라이팅했다.

항상 "나는 너를 위해 말하는 거야"라며 압박을 주었고, "이건 조직을 위한 일"이라며 부하의 책임을 전가했다.

모두 그가 썩은 사과 임을 알고 있었지만, 정작 위는 몰랐다. 오히려

'실적이 좋은 인재'로 평가되어 높은 자리로 올라갔다.

그가 회사를 떠난 날, 직원들이 회식 자리에서 술잔을 부딪쳤다.

"이 날을 기다렸지."

그날은 공식적인 창립기념일보다 더 의미 있는 '우리의 날'이었다.

자기애로 무장한 공격

Y는 말끝마다 독이 묻었다.

"초등학교는 나왔냐?", "넌 우리 부서의 재난이야."

어떻게 저런 말을 아무렇지 않게 할 수 있을까 싶지만, 그는 자신을 최고의 리더라 믿었다.

정작 주변은 하나둘 무너졌고, 그와 일한 사람들은 병가나 퇴사를 선택했다.

하지만 그는 여전히 입에 담는다.

"내가 더 못 올라간 건, 위에서 날 못 알아본 탓이야."

하지만 조직은 안다. 지금 자리 조차도 문화적 실수였다는 걸.

그는 끝까지 자신이 문제라는 걸 모른 채 떠났다.

피하는 것이 최선의 전략

심리학자 김경일 교수는 조언한다.

"소시오패스는 변화하지 않는다. 가능한 얽히지 말고 피하라."

직장 내 소시오패스는 피해자를 죄인으로 만들고, 주변을 망가뜨린다. 그들의 '고요한 폭력'은 사무실을 조용히 병들게 한다.

소시오패스와 맞서려 하지 말자. 그들의 언어와 논리는 공감이 없다. 그들은 정의를 이해하지 못하고, 사과는 기만에 불과하며, 친절은 전략일 뿐이다.

꼰대의 귀띔

> 그들이 문제라는 걸 아는 순간,
> 나는 나를 지킬 수 있다.
> 함부로 다가가지 말고, 정중하게 거리를 두고,
> 침묵보단 기록으로 대비하고,
> 필요하다면 도움을 요청하자.
> 그들의 존재는 현실이지만,
> 그들에게 무너지는 건 선택일 수도 있다.

> 직장생활백서 59
>
> # 인정받는 보고서 쓰려면 뇌 사용을 줄여라

> 다음 날 반려된 보고서를 마주하게 된다면, 그건 보고서가 상사의 뇌를 너무 힘들게 했다는 뜻일지도 모른다.

인지적 구두쇠

인간의 뇌는 체중의 5%에 불과하지만, 전체 에너지 사용량의 20%를 차지한다고 한다. 그래서 어려운 보고서를 읽으면 머리가 지끈거리고, 괜히 배가 고파진다. 진화심리학자들은 "인간은 뇌의 에너지를 아끼도록 진화했다"고 말한다. 뇌가 힘든 일과 귀찮음을 본능적으로 피하려는 이유다. 그래서 복잡하고 장황한 보고서는 그 자체로 스트레스다. 그래서 하수는 더하고, 고수는 덜어낸다.

글이 길수록, 말이 많을수록 메시지는 약해진다. 그림 하나, 도표 하나가 열 페이지의 글보다 더 명확하게 상사의 머릿속에 박힐 수 있다.

보고서는 쓰는 것이 아니라 읽히는 것이다.

심미적 사용성 효과

"보기 좋은 떡이 맛도 좋다"는 옛말은 심리학에서도 통한다.

심리학에서는 이를 '심미적 사용성 효과(Aesthetic-Usability Effect)'라고 한다.

'예쁜 디자인은 내용까지 좋게 보이게 만든다'는 것이다.

직장 상사는 바쁘다. 첫 페이지를 넘기기까지 5초도 걸리지 않는다.

그 5초 안에 시선을 잡지 못하면, 보고서는 책상 서랍 속에서 잠들게 된다.

균형 잡힌 여백, 정리된 문단, 눈에 잘 들어오는 글자 크기와 색상, 깔끔한 표와 이미지.

이 모든 것이 보고서의 운명을 좌우한다. 직장에서 보고서는 곧 나의 얼굴이다. 잘 만든 보고서는 사람보다 먼저 나를 설명해주는 명함이다.

조사를 빼지 마라

영어가 순서의 언어라면, 한국어는 조사의 언어다.

그런데 보고서에서 조사가 빠지면, 문장을 다시 읽어야 하고, 머릿속에서 재구성을 해야 한다.

이런 순간, 상사는 생각한다.

"이게 무슨 말이지?"

그리고 보고서를 덮는다.

예를 들어 보자.

'정부 공사계약제도 개선 협의'
→ 정부가 협의했다는 건가? 누구와? 뭘?

'정부기관 협의 조기 용역 추진'
**→ 정부기관과 협의했단 건가? 누가? 용역은 했다는 건가?
할 거라는 건가?**

작성자는 알고 있어서 생략했지만, 보고받는 사람은 처음 듣는다. 보고서는 작성자의 기억이 아니라, 상대의 이해를 위한 언어로 작성해야 한다. 보고서 작성은 기술이 아니라 배려다.

꼰대의 귀띔

상대방이 덜 피곤하도록,

덜 혼란스럽도록,

덜 짜증나게 하려는 배려.

그래서 인정받는 보고서는

설명하지 않아도 읽히는 보고서다.

뇌를 덜 쓰게 하는 사람이

결국 뇌 있는 사람처럼 보이게 된다.

> 직장생활백서 60
>
> # 사무실 업무 51:49의 비밀

｜ 많은 직장인들은 워라밸을 추구하면서도 겉으로는 워커홀릭을 연기한다.

  우리는 일로써 인정받고 싶어 하는 민족이다.

  "요즘 바쁘시죠?"라는 말은 인사치레를 넘어선, 가장 흔하면서도 무난한 칭찬이다.

  그 말에는 "일 잘하시네요", "필요한 사람이시네요", "존재감 있으시네요"라는 복합적 의미가 담겨 있다.

  반대로, "요즘 한가하시죠?"라는 말에는 왠지 모를 불편함이 따라붙는다.

  실제로 바빠서 힘든 사람보다, 바쁘지 않아서 불안한 사람이 더 많다.

  그래서 많은 직장인들은 워라밸을 추구하면서도 겉으로는 워커홀릭을 연기한다.

어느 유명인은 말한다.

"일론 머스크, 빌 게이츠, 스티브 잡스에게 워라밸이 있었겠는가?
성공한 사람은 워라밸을 몰랐고, 워라밸은 성공한 이후에 누리는 사치일 뿐이다."

물론 맞는 말일지도 모른다.

세종대왕도, 제갈공명도 워커홀릭이었다.

이들은 모두 조선과 촉나라를 책임진 '대장'이었다.

그런데 만약 당신의 상사가 그 스타일이라면?

그리고 부하직원에게도 같은 방식의 일중독을 강요한다면?

아래 직원들에게는 그야말로 숨막히는 지옥이다.

회사에는 4가지 상사 유형이 있다.

똑부상사 – 똑똑하고 부지런하다. 환영이다.
똑게상사 – 똑똑하고 게으르다. 효율적이다.
멍게상사 – 멍청하고 게으르다. 그냥 조용히 있다.
멍부상사 – 멍청하고 부지런하다. 최악이다. 피해야 할 유형 1순위

멍부상사는 항상 바쁘다.

일의 방향도, 목적도 없이 자료를 끌어모은다.

백데이터에 백데이터를 덧붙인다.

꼭 필요한 회의조차도, 길고 복잡하게 만든다. 결과보다 '많이 했다는 증거'를 더 중시한다.

직원은 과로사 직전이고, 회사는 자원 낭비에 시달린다.

퇴직한 Y선배는 말했다.

"직장에선 51대 49로 일하되, 90대 10으로 티를 내라."

일은 딱 필요한 만큼만, 하지만 보여주는 건 더 크게.

일하는 척만 잘해도 여유있게 인정받는다.

워라밸은 마음속에 숨기고, 겉으로는 열정과 몰입을 연출하라. 사실 워라밸은 상사에게 말하지 않아야 지킬 수 있다. 그렇다고 진짜 워커홀릭처럼 살면, 젊은 나이에 탈진하게 된다. 그러니 일은 전략적으로, 포장은 전술적으로.

진짜 워라밸은, 지킬 수 있을 때 지켜야 한다.

> 남들 눈에는 바쁜 척, 내 마음속에는 여유롭게.
> 51:49의 균형에서 오늘도 버티고 웃으며 살아가는 것,
> 그것이 현명한 직장인의 생존법이다.

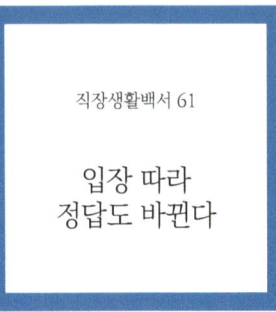

직장생활백서 61

입장 따라
정답도 바뀐다

▌ 모든 것은 바라보는 시각과 위치, 즉 '입장'과 '관점'의 차이에서 비롯된다.

 유명한 질문이 있다.
 "물이 반이나 남았는가? 반밖에 안 남았는가?"
 같은 현실, 전혀 다른 해석. 그 차이를 만드는 것이 바로 관점이다.
 콜럼버스의 신대륙 발견은 과연 개척이었을까, 침략이었을까?
 흰 도화지 위의 검은 점만 보이는가, 아니면 그 점을 둘러싼 커다란 여백이 먼저 보이는가?
 모든 것은 바라보는 시각과 위치, 즉 '입장'과 '관점'의 차이에서 비롯된다.
 관점이 바뀌면 정답도 바뀐다

 영국의 한 영상 광고회사 퍼플페더(Purple Feather)의 캠페인 영상에 나오는 이야기.

시각장애인이 길가에서 "나는 앞을 못 봅니다. 도와주세요."라는 팻말을 앞에 놓고 있었지만, 사람들은 무심히 지나쳤다.

그러다 한 여성이 다가와 글귀를 고쳐준다.

"아름다운 날이네요. 하지만 저는 그것을 볼 수 없습니다."

그 순간부터 동전이 쏟아졌다. 글귀 하나 바꿨을 뿐인데, 결과는 완전히 달라졌다.

관점이란 그렇게 강력하다.

'틀렸다'가 아니라 '다르다'는 것을 이해할 수 있어야 진짜 어른이 된다.

관점이 다르면 문제도, 해법도 달라진다

어릴 적「동화 공주와 달 이야기」속 공주는 달을 갖고 싶다고 떼를 쓴다. 학자들은 '달은 너무 멀고 커서 줄 수 없다'고 설명했지만, 공주는 납득하지 못한다.

하지만 광대는 공주의 눈높이에서 질문하고, 공주가 인식하는 달을 펜던트 목걸이로 만들어주었다.

결국 문제를 해결한 건 지식이 아니라 관점이었다.

마케팅도 마찬가지다.

마케팅 1.0은 제품 중심, 2.0은 소비자 중심,

3.0은 사회 가치 중심, 4.0은 고객이 곧 마케터라는 관점.

같은 '판매'라는 행위도, 시대와 입장에 따라 전혀 다른 관점으로 전개되는 것이다.

직장에서는 입장이 관점을 결정한다

상사의 조언은 직원에게 잔소리가 되고,

직원의 고민은 상사에게 변명처럼 들리기도 한다.

누군가는 기회로 여긴 일이, 누군가에겐 잡무로 느껴지기도 한다.

ERP 시스템을 도입하면 효율이 높아진다며 환영하는 팀이 있는 반면, 기존 시스템을 잃을까봐 불안해하는 사람들도 있다.

같은 변화인데도, 누가 보느냐에 따라 찬반이 극명하게 갈린다.

심지어 문제 그 자체도 관점에 따라 달라진다.

하천에서 아이가 계속 떠내려온다면, 아이를 건지는 것이 우선일까?

아니면 상류에서 아이를 던지는 누군가를 막는 게 우선일까?

공사장에서 휴일에 사고가 났다면, 휴일 공사를 막는 것이 맞을까?

아니면 위험한 작업환경 자체를 개선해야 하는 걸까?

문제는 사물에 있는 것이 아니라, 그것을 바라보는 관점 속에 있다.
관점의 다양성이 곧 경쟁력이다
비슷한 사람들끼리 모이면 의사소통은 잘 된다.
하지만 창의력은 줄어든다.
다름이 모여야 '새로운 것'이 나온다.

그래서 요즘 기업에서는 다양성과 포용성이 핵심 역량으로 꼽힌다.
기존의 '산업단지'라는 프레임을 '도시'로 바꾸니
스마트시티, 문화공간, 에너지 자립형 도시까지 기획이 확장되었다.
한 번의 관점 전환이 도시의 미래를 바꾼 셈이다.

관점이 바뀌면, 말이 달라지고
말이 달라지면, 사람이 달라지고
사람이 달라지면, 세상이 달라진다.
모든 정답은 '정답'이 아니라,
'누구의 정답'인지 묻는 것에서 시작된다.

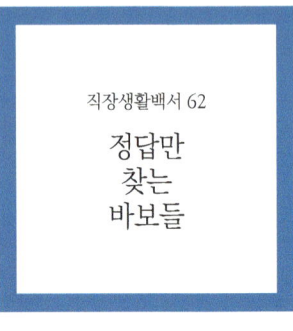

직장생활백서 62

정답만 찾는 바보들

| 문제를 '풀기'보다, 문제를 '풀어내는' 사람이 되는 것.
그게 바로 '정답'과 '해답'의 차이다.

드라마 미생에서 안영이의 대사가 유독 마음에 남는다.

"정답은 모르지만, 해답을 아는 사람이 있어요. 장그래 씨처럼요."

정답은 모를지라도 해답을 아는 사람.

그들은 문제를 딱 잘라 "이게 답이야"라고 말하지 않는다. 대신 상황을 읽고, 사람을 살피고, 현실적인 길을 찾아낸다.

문제를 '풀기'보다, 문제를 '풀어내는' 사람이 되는 것.

그게 바로 '정답'과 '해답'의 차이다.

정답은 하나, 해답은 여럿

정답은 고정되어 있다. 수학문제처럼.

하지만 세상은 수학문제가 아니다.

누군가에겐 정답이지만, 다른 누군가에겐 해답이 아닐 수 있다.

직장에서는 정답을 요구하지 않는다.
해답을 찾아내는 사람을 원한다.
'이게 맞습니다'보다, '이렇게 하면 해결될 수 있습니다'가
더 중요하다.
정답이 아닌 해답을 말하는 사람이 결국 인정받는다.
일론 머스크가 로켓을 만든 건 정답을 알아서가 아니었다.
우주선 재활용이라는 '접근 방식'을 해답으로 제시했기에 가능했다.
항공우주공학 박사보다 더 뛰어난 문제 해결사였던 셈이다.

해답은 정답보다 어렵지만, 더 유연하다
정답은 주관식이 아닌 객관식이다.
해답은 객관식이 아닌 주관식이다.
정답은 기술적이고, 해답은 인문적이다.
정답은 직선, 해답은 방향이다.
정답은 외우는 것이고, 해답은 이해하는 것이다.
정답은 고정관념이고, 해답은 수용성이다.

직장은 정답보다 해답을 원한다

대학에서 문제를 푸는 법을 배운 사람들은
직장에 와서 '정답은 뭐지?'를 찾는다.
하지만 직장에서는 그 문제 자체가 움직인다.
이해관계가 생기고, 예산이 달라지고, 사람 감정이 개입된다.
그래서 정답은 없고, 해답만 존재한다.
"내가 생각한 안은 아니지만, 그 정도면 되겠네."
"이게 회사 전체로 보면 낫겠지."
이런 게 바로 해답이다.

현명한 사람은 해답을 만든다

에펠탑이 처음 생겼을 때, 사람들은 "저건 흉물이다"라고 말했다.
루브르의 유리 피라미드도 "죽음의 상징"이라며 비난받았다.
그런데 지금은? 세계가 사랑하는 예술과 상징이 됐다.
당시 그걸 만든 사람들은 '정답'이 아니라, '해답'을 본 것이다.

정답이 없을 때, 해답을 만드는 법

① 환경을 바꿔라

생각이 막힐 땐 공간을 바꾸는 게 정답이다.

걷기, 씻기, 다른 사람과 대화하기—그 자체로 뇌가 새로운 연결고리를 만든다.

② 키맨을 찾아라

혼자만의 해답은 때론 벽에 부딪힌다.

문제 해결의 실마리를 쥔 사람이 있다면 찾아가라.

그 사람 주위의 인맥까지도 해답의 경로가 될 수 있다.

③ 그냥 당신이 정해라

정해진 답이 없다면, 당신이 선택한 해법이 해답이다.

스토리와 논리가 있다면, 누구도 이의를 제기하지 못한다.

④ 답이 없을 땐, 그냥 기다려라

인디언 속담에 이런 말이 있다.

"답이 없을 땐, 답이 없다는 게 답이다."

애써 머리 싸매지 말고, 지금 할 수 있는 것부터 해보라.

그러다 보면 해답이 자연스럽게 떠오를 때가 있다.

꼰대의 귀띔

정답은 시험에서 통하지만,

해답은 인생에서 통한다.

당신이 매일 맞닥뜨리는 일들은

객관식 문제가 아니다.

어쩌면, 당신이 직접 정답지를 써야 하는

서술형일지도 모른다.

직장생활백서 63

발상의 전환

▌ 창의적인 사람은 머릿속 서랍에 있는 지식을 불쑥 꺼내 다른 지식과 연결할 줄 안다.

 직장에서 창의력은 곧 문제해결 능력이며, 곧 실행력이다.
 창의력 있는 사람은 문제를 발견하고, 해석하고, 낯선 방식으로 해결해내는 힘을 가진다.
 그런데 창의성은 아무에게나 주어지는 선물은 아니다.
 하지만, 훈련으로 얻을 수 있는 능력이기도 하다.
 드라마 '대행사'에서 퇴직한 선배는 "창의력은 어린아이의 시선으로 바라볼 때 발현된다."라고 말했다.
 우리가 세상을 다 알고 있다는 착각을 버릴 때, 엉뚱한 시선이 창의성의 씨앗이 된다.
 "필름은 이미지를 담는 그릇이다"
 1975년, 코닥의 스티브 삭슨은 유치원생의 질문 하나에서 창의성을 얻었다.

"필름이 뭐예요?"

"음… 모든 이미지를 담는 그릇이란다."

그날 사무실로 돌아가 보인 건 '카세트테이프'.

'소리를 담는 테이프'가 있다면 '사진을 담는 테이프'도 가능하지 않을까?

그 발상이 디지털카메라의 시작이었다.

이처럼 창의성은 지식의 양보다 연결의 방식에서 나온다.

창의적인 사람은 지식을 새롭게 본다

'눈은 마음의 창',

이 짧은 문장에서 전혀 다른 두 단어(눈, 창)가 연결된다.

이런 식의 비유와 은유, 낯선 연결은 창의성의 가장 강력한 도구다.

바다를 보면 '해변'이나 '파도'만 떠올리는 건 너무 평범한 생각이다.

'비키니 입은 여인이 말을 타는 모습'을 떠올려야 창의적이다.

지식과 지식을 연결하라

심리학자들은 말한다.

"창의성을 방해하는 건 지식의 부족이 아니라, 지식을 꺼내지 못하는 것이다."

창의적인 사람은 머릿속 서랍에 있는 지식을 불쑥 꺼내 다른 지식과 연결할 줄 안다.

요즘은 AI조차 창의적이다.

그 이유는?

지식과 정보를 망라하여 무한한 연결을 시도하기 때문이다. 그래서 그림도 그리고, 소설도 쓰고, 영화를 만들기도 한다. 인공지능의 창의력조차 결국은 연결의 힘에서 나오는 것이다.

일상 속 창의성

창의성은 거창한 프로젝트나 기획서에서만 필요한 것이 아니다.

파일명 정리법 하나에도, 연락처 저장 방식 하나에도, 업무 방식의 효율성을 고민하는 작은 습관에도 창의성이 깃든다.

예를 들어, 최종파일의 이름을 헷갈리지 않도록 (날짜)-파일명-최종버전으로 통일하는 사람. 전화번호 저장 시 이름과 함께 직책, 소속, 특이사항을 메모해두는 사람.

이런 작지만 다른 생각들이 남다른 사람을 만든다.

안동댐의 사례

50여 년 전 보상을 하였는데도 아직 이주하지 않은 지장 가옥들로 인해 안동댐의 기능 중 12%가 미활용되고 있다.

이는 1.5억 톤, 약 2조 원 규모의 대형댐 하나에 해당한다. 기존의 대응은?

"저소득층 노약자가 되어버린 그분들이 돌아가실 때까지 기다리자."
하지만 다음은 어떤가?

*지장 가옥 현황을 상세 조사하여

> **이주 우선순위를 표고 기준으로 정함 → 이주 독려**
> **우선 이주가 어려운 세대는 무상 임대주택 제공 협의**
> **또는, 모듈형 스마트 주택으로 공급(민간기업과 협업)**
> **향후, 이주 후에는 청년 체험주택으로**
> **리모델링하여 농촌 살리기 사업과 연결함**

창의성은 결국 문제를 다른 시선으로 바라보는 것에서 시작된다.

담배 한 모금도 창의적?
정재승 교수는 말했다.
"담배를 피우면 창의력이 오른다. 단 5분 간."
물론 백해무익이고, 절대 권장할 수는 없다.
하지만, 직장에서 담배는 때로 의외의 소통 도구가 되기도 한다.

여럿이 나가 담배 피며 나누는 대화 속에서 의외의 아이디어가 번뜩이기도 한다.

반면 혼자 추위에 떨며 피는 담배는? 그건 쓸쓸함의 메타포일 뿐이다. 끊자.

"창의성은 하늘에서
뚝 떨어지지 않는다.
그건 눈앞의 사소한 문제를,
다르게 보려는 작은 노력에서 시작된다."
지식의 연결.
그것이 창의적인 뇌의 진짜 작동 원리다.

직장생활백서 64

반(半)만 보고하라

상사에겐 50%만 보고하라. 이해는 40%면 충분하다

"그래서, 결론이 뭐야?"

부서장이 보고서를 훑다 말고 눈썹을 찌푸린다.

K는 한밤중까지 표 정리하고 분석까지 붙였는데, 그 한마디에 모든 고생이 무너진 느낌이다.

보고를 100% 다 했다고 해서, 100% 전달되는 건 아니다.

상사는 20%도 이해 못 할 수 있다.

그래서 중요한 보고는 오히려 절반만, 그것도 간결하게, 한 줄처럼 해야 한다.

사원은 과정이 중요하지만, 임원은 결론만 본다.

보고서 한 페이지에 혼신의 힘을 다해도, 상사는 "그래서, 뭐 어쩌라고?"를 묻는다.

그들은 핵심을 원한다. 단숨에 파악할 수 있는 결론, 의사결정의 실마리.

보고를 잘하는 사람은 줄이는 사람이다.

한 줄로 핵심 요지를 말하고, 필요하면 첨부 자료로 보충한다.

KISS 원칙은 보고에도 통한다.

"Keep it short and simple."

길고 무거운 보고서보다, 짧고 명확한 말 한 마디가 상사의 마음을 움직인다.

두괄식으로 시작하라

경영진은 바쁘고, 귀는 열려 있어도 머리는 바쁠 수 있다.

보고서 내용을 처음부터 차곡차곡 설명하다 보면,

"그래서?, 엉, 엉"하는 재촉하는 말투와 지루한 눈빛을 내며 보고서의 마지막을 뒤적거린다.

성격 급한 상사에게는 1부터 10까지가 아니라, 10부터 시작해 보고는 줄이고, 질문을 받는다. 상사가 필요로 하는 정보만 풀어서 설명하면 된다.

"두괄식으로 보고하라."는 건, 결국 '상대의 시간과 집중력을 배려하라'는 뜻이다.

기분 따라 운명도 바뀐다

같은 보고서도, 타이밍에 따라 반응이 천차만별이다.

기분 좋은 날엔 "좋은데?",

기분 나쁜 날엔 "이걸 보고라고 했냐?"

이런 경험, 누구나 한 번쯤은 있다.

그래서 보고의 기술은 타이밍의 기술이기도 하다. 보고때까지 시간이 오래 걸린다면, 중간에 상황을 간단히 공유하라. 급한 상황이더라도 기분 파악은 필수, 가능하면 기분과 보고를 분리하라. (예: "오늘 기분이 좀 안 좋아 보이시네요. 보고는 짧게 핵심만 전달드릴게요.")

> 보고는 나를 보여주는 스킬이면서,
>
> 상사의 마음을 움직이는 기술이다.
>
> 100을 말해 20을 남기는 사람보다,
>
> 50만 말해도 40을 남기는 사람이 더 오래 기억된다.
>
> 말은 줄이고, 임팩트는 높이는 것이
>
> 보고의 품격이다.

직장생활백서 65

승진이 빠른
4가지 유형

> "승진은 업무 능력보다 운과 사람에 가까운 게임이다."

　셰익스피어 '리어왕' 대사에 '개(dog)도 직권을 가지면 사람들이 따른다'는 말이 있다. 그래서 모두가 승진을 바라지만 모두가 가질 수 없고, 불만이 나온다.

"나는 저 사람이 제대로 일하는 걸 본 적이 없는데 승진은 잘하더라."
"도대체 승진은 어떤 기준으로 되는 거야?"
　승진심사 결과가 발표되는 날, 어김없이 터져 나오는 사무실의 탄식들이다.
　많은 경제학자들이 말한다.
"승진은 업무 능력보다 운과 사람에 가까운 게임이다."
　물질계의 물리 법칙처럼 명확하게 예측할 수 없는 인간 행동의 세계.
　승진도 결국 사람이 하는 일이라, 실력만으로 설명되지 않는 구석이 있다.

경제학자 조지 애커로프와 파스칼 미셸리아트는 사내 승진을 분석하며 한 가지 불편한 진실을 밝혔다.
"승진은 동종 선호와 이방인 혐오의 결과다."

닮은 사람은 뽑고, 낯선 사람은 밀어낸다
관리자들은 자신과 닮은 사람을 편하게 느끼고,
자신과 다른 배경, 말투, 사고방식을 가진 사람에겐 거리감을 느낀다.
같은 학교, 같은 지역, 비슷한 성격, 유사한 가치관.
이 작은 공통점들이 은근히 신뢰를 만들고,
비공식적 모임과 끈끈한 라인을 형성하며,
결국 승진의 기회를 불러온다.

반대로, 자신과 다른 성향의 이방인은 중요한 프로젝트에서 슬그머니 빠지고, 신뢰받지 못한 채 서서히 주변으로 밀려난다.

그래서 직장에서 정치색은 금물이다. 적군만 많아진다.

실제 승진하는 4가지 유형
실제로 필자가 지켜본 승진자들은 대부분 다음 네 가지 유형 중 하나 이상에 해당했다. 그리고 그들은 일이든, 정치든, 관계든 무언가를 걸고 최선을 다했던 사람들이었다.

타입 1. 일에 미친 워커홀릭

일 잘하는 사람을 상사는 절대 놓치지 않는다.

왜냐하면 그런 사람 하나만 있어도 자기 일이 편해지기 때문이다.

말없이 묵묵히 일을 다 해주는 부하. 상사는 그런 사람을 통해 자신이 '유능한 팀장'처럼 보이게 만든다. 워라밸을 포기하고 상사 옆을 지키는 대가는, 신뢰라는 이름의 선물이다. 그리고 그건 때가 되면 승진으로 돌아온다.

타입 2. 상사에게 '의리 있는' 사람

승진을 결정하는 사람은 결국 상사다.

그리고 상사는 본능적으로 "나에게 이익이 되는 사람"을 선택한다.

지시를 잘 따르고, 퇴직 후에도 연락하며 예를 갖출 만한 사람.

'내가 추천한 사람'으로 욕먹지 않을 사람.

그게 바로 상사들이 찾는 '의리 있는 부하'의 조건이다.

타입3. 정치력이 뛰어난 사람

사내 인맥과 네트워크를 능숙하게 다룰 줄 아는 사람.

동종 선호를 이용해 여론을 만들고, '분위기'를 이끄는 사람.

정치력이란 결국 다수의 의견을 따르게 하는 '동조 효과'를 활용하는 능력이다.

"아무래도 저 사람 승진해야 하지 않겠어요?"

여러 명이 비슷한 말을 반복하면, 누군가의 머릿속에 그 이름이 점처럼 박힌다.

타입 4. 소위 '빽' 있는 사람

이들은 회사 바깥에도 든든한 정치인, 고위 관료, 경제인 등과 연결되어 있다.

경영진 입장에서도 손해 볼 일은 없는, 이중 보험 같은 존재.

어떤 경우엔 회사 입장에서 이 '빽'이 또 다른 기회나 외부 협력의 디딤돌이 되기도 한다. 물론 남용되면 회사의 조직문화는 크게 흔들리므로 경계와 균형이 필요하다.

> 승진은 실력보다 사람이고,
>
> 능력보다 믿음이며,
>
> 성과보다 기억이다.
>
> 기억되는 사람이 되라.
>
> 그것이 승진의 필살기니까.

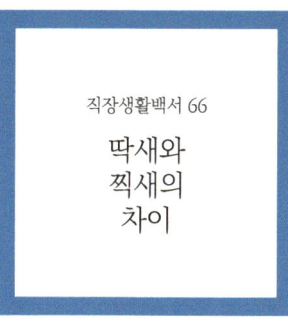

직장생활백서 66

딱새와 찍새의 차이

> 열심히 하되, 묵묵히 당하진 않게. 그게 바로 상사를 잘 모시는 기술이다.

회사에서 승진보다 더 어려운 게 있다면, 그건 아마도 '상사를 잘 모시는 일'일 것이다. 그렇다고 아부만으로 되는 것도 아니고, 묵묵히 일만 한다고 감동받는 시대도 지났다.

잘 보이되, 티 나지 않게. 열심히 하되, 묵묵히 당하진 않게. 그게 바로 상사를 잘 모시는 기술이다.

상사를 잘 모시는 4가지 원칙

중간중간 보고하라
상사의 지시는 절대 가볍게 넘기지 말 것.
당신이 잊어도, 상사는 안 잊는다.
심지어 대충 말한 것조차 기억하고 있다.

보고는 결과보다 속도가 먼저다.
중간중간 "이렇게 진행 중입니다" 한 마디가
상사의 마음을 얼마나 평안하게 해주는지 모른다.
상사가 기다리는 시간은 직원이 느끼는 시간의 세 배로 길게 느껴진다.

자주 질문하라

"알겠습니다"만 반복하면,
상사는 언젠가 이렇게 느낄 것이다.
'쟤는 생각이 없어. 그냥 시키는 대로만 해.'
몰라도 묻고, 알아도 다시 확인하라.
상사는 자신의 생각을 이해하고 존중하는 사람에게 마음을 연다.
질문은 상사와의 '생각의 연결'이며, 그 과정에서 신뢰와 배움이 자란다.
상사의 방향성에 맞는 '결정의 보조자'가 돼라.

딱새가 아닌 찍새가 돼라

딱새는 시킨 일만 '딱딱' 한다.
성실하지만, 눈치도 안 보이고, 주변도 안 본다.
찍새는 다르다.
회사 돌아가는 판세, 상사의 관심사, 사내 분위기에 촉을 세운다.

기획안 하나를 올리더라도 상사가 미리 생각해둔 포인트를 '찍어서' 담아 올린다.

찍새는 눈치의 달인이고, 기획의 천재다.

영화 '악마는 프라다를 입는다'에서 앤드리아가 해리포터 신간 원고를 구해낸 장면처럼, "안 된다" 대신 "했습니다"라고 말할 수 있는 사람, 그게 찍새다.

티 나지 않게 상사를 폼나게

회의 전 미리 자료를 준비해준다.

결정권이 필요한 건 '상사 몫'으로 남겨둔다.

상사의 실수는 덮고, 성과는 더 빛나게 포장해준다.

상사를 빛나게 해주는 건 결국 자신의 존재감을 키우는 가장 세련된 방식이다.

티는 안 나지만, 그 폼의 주연은 당신이다.

예전 ○○협회가 포럼 지원금을 요청했을 때, 필자는 예년처럼 그냥 처리했다가 임원에게 혼났다. 만약 '요즘 경영 사정이 여의치 않는데..'하고 말하며 지원 결정을 임원 몫으로 남겨뒀다면? 협회는 임원에게 감사를 전했을 테고, 임원은 나를 믿음직한 부하로 여겼을 것이다. 상사의 폼을 가로챈 죄, 그 대가는 묵직했다.

딱딱한 딱새는 무난하지만,

찍새는 생존하고 인정받는다.

보이지 않게 움직이고,

드러나지 않게 빛나는 사람.

그게 진짜,

상사를 '잘' 모시는 사람의 품격이다.

직장생활백서 67

적재적소와 적소적재

| 성과가 빛난 자리의 그림자에도 결국 '사람'이 있다.

"일은 사람에게 달려 있다"는 말,
직장인은 백 번쯤 공감했을 것이다.
같은 자리에 앉아도,
어떤 이는 성과를 내고
어떤 이는 사고를 낸다.
일이 틀어진 원인을 따라가 보면 결국 사람이고,
성과가 빛난 자리의 그림자에도 결국 '사람'이 있다.
그래서 나온 말이 "인사가 만사다."

나폴레옹의 패배

1812년 워털루 전투.

나폴레옹은 결정적인 순간에 지원군의 도움을 받지 못했다.

그루시 원수는 충직했지만 판단력과 결단력, 전장의 감각은 없었다.

결국 병력 3분의 1이 엉뚱한 곳을 헤매는 바람에 나폴레옹은 절체절명의 싸움을 2/3 병력으로 치러야 했다.

전투는 참패.

제국은 무너졌고, 황제는 유배를 갔다.

성실한 사람이었지만, '그 자리에 맞지 않는 사람'이었다.

적재적소와 적소적재, 비슷하지만 다르다

적재적소(適材適所)

→ 사람(재)을 먼저 보고, 거기에 맞는 자리(소)를 찾는다.

→ '이 친구 실력 있으니 뭔가 시켜보자.'

적소적재(適所適材)

→ 일(소)을 먼저 보고, 그 자리에 맞는 사람(재)을 찾는다.

→ '이 일엔 누가 가장 잘할까?'를 먼저 묻는다.

두 표현은 비슷해 보이지만,

조직의 성과는 '적소적재'에서 시작된다.

즉, '무엇을 해야 하는가'가 먼저이고,
그 다음이 '누가 할 것인가'다.

인사 실패는 사람만 낭비하는 게 아니다
성과 좋았던 직원 J.

도전적인 프로젝트에 강하고, 창의성과 실행력이 돋보이는 인재였다. 그런데 공석이 된 지사 관리직에 배치됐다. 업무는 단조롭고 반복적이었다.

J는 지쳤고, 성과는 평범했다. 그를 그렇게 만든 건 능력이 아니라 자리였다. 인사가 잘못되면, 인재도 조직도 손해다.

요즘 시대의 인사는 '적소적재'가 답이다

중요한 건 '이 자리에 지금 필요한 역량이 무엇인가?'

그리고 '그에 걸맞은 사람은 누구인가?'다. 그래서 지금의 인사 전략은 '성과가 있는 사람을 승진시킨다'가 아니라 '필요한 자리에 맞는 사람을 앉힌다'로 바뀌고 있다. 이제는 임원을 뽑는 자리조차 공모를 통해 외부 인재를 찾는 시대가 됐다.

결국, 일이 먼저고, 사람은 거기에 맞춰 가는 것.

인사 실패가 조직에 남기는 것

준비 안 된 사람에게 높은 자리를 주면? 결정이 느려지고, 권한은 줄고, 조직은 낙담한다. 사람만 보고 자리를 주면? 경력과 직무가 안 맞고, 조직은 방향을 잃는다.

> 일은 사람이 한다.
> 하지만 사람은 자리가 만든다.
> 인사는 곧 전략이다.
> 한 사람의 자리가
> 조직의 미래를 바꾼다.

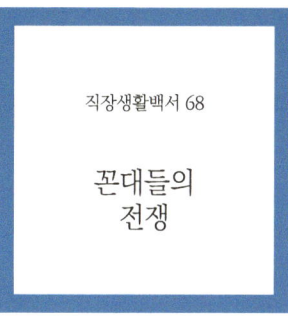

직장생활백서 68

꼰대들의 전쟁

꼰대는 사라지지 않는다. 진화할 뿐이다.

직장은 온실이 아니다.
정글이다.
그리고 그 안엔 '꼰대'라는 포식자들이 우글댄다.
신입사원은 기대와 설렘을 안고 입사하지만, 곧 깨닫는다. 여긴 전공이 아니라 정치와 생존의 세계라는 걸.
하지만, 신입도 시간이 지나면…
꼰대가 된다.
후배에게 "요즘 애들은…"이란 말이 나오는 순간, 그는 이미 다음 세대의 꼰대 인증 완료다.

나 때는 말이야… 진짜 '라떼'였다

"나 때는 말이야…"

요즘 말로 'Latte is a horse.'

(= 라떼는 말이야 → 라떼이즈어홀스)

사실 이 말은 고대 이집트 상형문자에도 있었다고 한다.

"요즘 젊은 것들은 버릇이 없다"는 문구.

이쯤 되면 꼰대는 시대의 유산이다.

사라지지 않는다.

진화할 뿐이다.

우리는 '인정투쟁'의 동물이다

마크 트웨인은 말했다.

"나를 인정해주는 한 마디로 두 달은 산다."

직장도 마찬가지다.

누군가 내 노고를 알아주는 그 한 마디,

"수고했어"에 살아난다.

선배는 후배의 관심이 그립고,

후배는 선배의 오지랖이 부담이다.

모두가 인정받고 싶다.

그래서 모두가 꼰대가 될 수 있다.

직장 꼰대 유형 BEST 6

답정너 – "답은 정해져 있고 넌 대답만 하면 돼."
상명하복형 – "까라면 까."
자칭 멘토형 – "내가 해봐서 아는데…"
무매너형 – "니가 이해해."
분노형 – "너 미쳤어?" (화부터 냄)
반말형 – "야!" (시작부터 무례함)

이런 말들이 입 밖으로 튀어나올 땐,

6하 원칙을 떠올리자.

Who, When, Where, What, Why, How

→ 꼰대의 말이 입에서 나올 것 같으면 입에서 나오기 전에 혀를 깨물라니까!

구분	가르칠 때	꾸짖을 때	결정할 때	걱정할 때
황 꼰대	"나 때는 몸으로 배웠어"	"자네 딴 데서도 이래?"	"회식은 곱창. 무조건."	"힘든 거 있으면 말해" (부담 백퍼)
멘토	"처음엔 나도 헷갈렸어. 이렇게 해보면 어때?"	"이런 상황, 어떻게 하면 줄일 수 있을까?"	"곱창 어때? 다른 거 땡기는 거 있어?"	"요즘 야구 봤어?" → 스몰토크 후 자연스럽게 유도

제3장. 2025 신정글의 법칙

꼰대에서 멘토로 가는 법

후배의 실수를 지적하기 전에 장점을 먼저 찾자.

후배의 성과는 그의 공으로, 실패는 내 책임으로.

관심은 조언이 되지만, 지나치면 간섭이 된다.

말보다 경청과 질문, 그리고 배려.

꼰대는 시대의 캐릭터일 수 있지만,

멘토는 세대의 다리가 된다.

"꼰대가 되지 않는 유일한 길은

후배에게 존중받는 멘토가 되는 것이다."

정글 같은 직장이지만,

우리는 서로를 잡아먹지 않고

서로를 키워줄 수 있는 존재가 될 수 있다.

직장생활백서 69
나르시시스트 상사,
에코이스트
부하

> 무책임하고, 자기중심적이며, 남의 성과를 "자기 것"처럼 치환하는 상사는 흔히 '나르시시스트'라고 불린다.

직장에 이런 상사 한 명쯤은 있다.

외모 깔끔하고 말발 좋고, 옆 부서 사람들한테는 인기 많다.

그러나 정작 그 밑에서 일해 본 사람은 안다.

그가 얼마나 무책임하고, 자기중심적이며,

남의 성과를 "자기 것"처럼 치환하는지.

이런 상사는 흔히 '나르시시스트'라고 불린다.

이들은 자기애가 너무 강해서 타인의 고충이나 감정은 안중에도 없다.

회식 자리에선 휘황찬란한 스토리텔러,

보고 자리에서는 "멍청한 팀원들 때문에 힘들었어요."

그런데 문제는,

이런 상사를 묵묵히 견디는 부하직원도 있다는 것이다.

자기 탓 먼저 하고, 눈에 띄는 걸 싫어하고,

칭찬받으면 어색해서 고개를 숙이는 이들.

이런 부하직원은 '에코이스트'다.

나르시시스트 vs 에코이스트

특징	나르시시스트 (Narcissist)	에코이스트 (Echoist)
자기애	넘침	부족함
공감능력	없음	지나침
피해	남에게 줌	자신에게 줌
말버릇	"내가 했어."	"제가 부족했어요…"
관심에 대한 반응	원함, 끌어당김	부담스러움, 회피

이 둘은 마치 자석의 N극과 S극처럼 서로 끌리지만, 부딪히면 상처뿐이다.

실화로 보는 회사의 슬픈 공식

에코이스트 부하직원은 늘 조심스럽다.

문제가 생기면 "제가 더 잘했어야 했어요"라고 말하고, 일이 잘 풀려도 조용히 미소 지을 뿐이다.

그런데 그 옆의 나르시시스트 상사는 그 조용한 성과를 입에 침이 마르도록 말하며 "이 프로젝트는 내가 리드했거든요"라고 한다.

부하는 속이 부글부글 끓는다. 그런데 그 순간, 상사가 갑자기 웃으며 말한다.

"근데 진짜 고생했어. 너 아니었으면 안 됐을 거야."

공허한 칭찬에 감동받은 부하는 또 마음을 풀고, 다시 열심히 일한다. 그리고 다음에도, 또 그다음에도, 똑같은 일이 반복된다.

이런 상사를 만났을 때는? 솔직히, 부서 옮겨야 한다. 회피가 최선일 수 있다.

하지만 현실이 녹록지 않다면, 아래의 생존 전략 11가지를 기억하자.

직장은 전쟁터다.

그러나 우리는 병사가 아니다.

당신의 자존감은

그 어떤 실적보다 소중하다.

나르시시스트 상사 대처법

1. 단호하게. 약자처럼 보이지 마라.
   - 물고 늘어진다. 강하게 보여라.

2. 정서적 거리 두기.
   - "내가 잘하면 언젠가 인정해주겠지"라는 생각, 금물.

3. 공감 못 한다는 걸 명심하라.
   - 조종과 거짓말, 즐긴다. 내 감정 소비하지 마라.

4. 선을 넘으면 싸하게 반응하라.
   - 따뜻한 거절보다 불편한 분위기를 조성하라.

5. 업무 덤터기 & 실적 가로채기, 감시하라.
   - 무례함에 익숙해지지 마라.

6. 거짓 사과, 받아주지 마라.
   - 반성은 없다. 쇼일 뿐이다.

7. 내 우군을 만들어라.
   - 전체 분위기가 내 편일 때, 유리한 고지를 점령한다.

8. 팩트와 증거로 무장하라.
   - 증거자료, 녹취, 증인. 필수 무기다.

9. 논리적 태클, 두려워 마라.
   - 그들은 생각보다 논리에 약하다.

10. 그의 상사를 공략하라.
    - '상사의 상사'가 최고의 카드다.

11. Yes와 No가 분명한 사람으로 보이자.
    - 비굴하지 않되, 기민하게 움직이는 것이 핵심.

> 직장생활백서 70
>
> 까라면 까.
> 피할 수 없으면
> 즐겨라.

공정하지 않으면 분노하고, 비효율적이면 냉소하며, '답정너' 스타일의 보고 지시에는 분노 게이지가 오른다.

같은 사무실, 같은 팀, 같은 일.
하지만 말 한마디, 보고서 스타일, 회식 태도, 퇴근 시간 하나까지 세대마다 다른 코드로 해석되는 이곳.
우리는 지금 '한 지붕 아래 다른 세대'와 함께 살아가고 있다.

베이비부머 세대는 말한다.
"까라면 까. 피할 수 없으면 즐겨라."
이들은 조직의 충성심과 책임감으로 승부해왔다.
그래서 요즘 후배들이 소신껏 휴가 쓰고, 회식 빠지고, 야근 거부하면 한숨부터 내쉰다.

"매가리가 없어." "요즘 애들, 끈기가 없어."

X세대는 베이비부머와 MZ 사이에 끼인 낀 세대.
2차 3차 끌려다녔고, 술값은 내가 내고, 의견은 듣지도 않았다.
"그냥 버텨." 이 말이 입에 밴 이유다.
이제는 후배 눈치 보며 조용히 견디는 게 습관이 됐다.

MZ세대는 다르다.
"즐길 수 없으면 피하자."

회사보다 내 삶, 조직보다 내 커리어.
공정하지 않으면 분노하고, 비효율적이면 냉소하며, '답정너' 스타일의 보고와 지시에는 분노 게이지가 오른다.
"10년 후 회사 비전요? 저 그땐 여기 없을 수도 있는데요?"
이들이 말한다. "무능한 따뜻함보다, 유능한 꼰대가 낫다."
듣는 기성세대는 할 말을 잃는다.

알파세대의 등장

2010년 이후 태어난 알파세대는 태어날 때부터 스마트폰이 손에 있었고, 채팅보다 영상이 익숙하고, 사람보다 기계가 더 편하다.
이들이 직장에 들어오는 날, 우리는 또 한 번 '문화 충돌'을 경험하게 된다.
서로의 '다름'을 인정하지 않으면 같은 회의라도, 베이비부머는 지시사항을 받으러 들어오고, X세대는 상사의 눈치를 보러 들어오며, MZ세대는 정말 할 말이 있어서 들어온다.

같은 보고를 해도, 부머는 한 장에 다 담고, X세대는 형식을 맞추고, MZ세대는 논리를 따지고, 알파세대는 그냥 영상으로 만든다.

같은 공간, 다른 시선
같은 말, 다른 해석
같은 팀, 다른 언어

서로 오해하고, 의심하고, 다투다가 결국 등 돌릴 수밖에 없다.

그것 참 신기하네
우리는 서로가 "이상하다"가 아니라
"신기하다"고 말할 수 있어야 한다.
다름은 틀림이 아니라, 다양성이다.
베이비부머의 헌신, X세대의 균형감, MZ의 감각과 효율성,
그리고 알파세대의 기술 친화력까지.
다름은 곧 경쟁력이 될 수 있다.

꼰대의 귀띔

기성세대는 내일이 불안하고,

신세대는 미래가 불안하다.

우리는 모두

불안한 세상 속, 서로가 필요한 동료일 뿐이다.

먼저 퇴근하게 돼서 죄송합니다. ㅠㅠ
부장님이 본부장님 대신으로 서는 동안
다 함께 있으면 좋겠다만 해서
결과주, 요거트, 과일 등 차려놨습니다.
냉장고 안에 있으니 꺼내 드세요.
수저들도 책상에 올려두고 가겠습니다.
경영처 탕비실에도 다과 있으니
당 떨어지면 챙겨 드세요.
고생이 많으십니다.
주말 잘 보내시길 바랍니다.

처장님이
있어서 돈내셨죠?
항상 카드를
낚습니다.

님께서
저를 개인적으로
꼐며도 함께 떠써여서
격려를 주셔서 너무나
찾아 뵀을때 앞만들도 챙겨주셔서
내년에는 더욱 더

내조의 여왕님.
처장님 승진은 여왕님 작품!
앞으로도 활발한 작품 활동
부탁드립니다.

- 미래사업부 직원 일동 -

올 한 해, 신입에서 부부장님의 거실을 보았습니다
너무나도 반가웠고, 다시 함께 일할 수 있는
기회가 있었으면.. 하고 생각하게 됩니다.

일복러 서 본 내조에서
인생과 일에 대해 많은 조언과
강사드립니다. 내년에는 좀더
즐거운 곳에서 뵐 수 있는 행복한 2025년 되시길 기원합니다.

갑자기 지사장님 생각이 나서
연락드립니다..
옛날에 함께 근무하여
도움을 받았던 기억으로
그때가 그립습니다.

떠나시기 전에 100선을
나마 마음 가볍게
생각하고 있습니다.
나중에 전화로 인사드리겠습니다.
서 전화주셔서 너무 감사드립니다.
항상 챙겨주시고, 격려주셔서
항상 건강하시고, 더 멋있어지세요.

몸 건강히 잘 지내시죠?
청통 윤금저 지사의 봄 풍경은
제가 가봤기는 않았던
대전보다 봄 햇살이
활짝 펴있을 것
센터 주변재생과에서
"100선"이 마무리가 되어
우편으로나마 몇독드립니다.

존경하는 김세진 본부장님의
입사 30주년을 축하드립니다.

존경하는 본부장님,
장마가 시작되어서
여기도 비가 내리네요
뽀송 뽀송
행복한 하루 보내세요 :)

서평

"일터의 공기까지 읽는 시대, 리더가 먼저 읽어야 할 책"

법과 제도만으로는 조직을 바꿀 수 없다. 사람이 움직이는 곳에는 심리가
흐르고, 그걸 읽는 리더만이 조직을 변화시킬 수 있다. 『오피스 스펙트럼』은
직장 내 심리를 통해 보이지 않는 조직의 문제를 재미있게 드러내고,
갈등 해결의 실마리를 제시하는 책이다.

- 안호영, 국회의원(환경노동위원회 위원장)

"심리는 최고의 사업 전략이다"

모든 조직의 뿌리 중 하나가 직원들의 마음, 곧 심리다.
직원들이 번아웃되는 이유도, 소통이 엇갈리는 이유도 결국 심리에서 출발한다.
이 책은 실무자 뿐 아니라, 조직의 리더들에게 최고의
'심리적 리더십 감각'을 키우는 전략서가 되어줄 것이다.

- 윤석대, 한국수자원공사(K-water) 사장